Stiftung
**Haus der Geschichte
der Bundesrepublik Deutschland**

**Bilder im Kopf
Ikonen der Zeitgeschichte**

Bilder im Kopf
Ikonen der Zeitgeschichte

Begleitbuch zur Ausstellung im
Haus der Geschichte
der Bundesrepublik Deutschland, Bonn,
21. Mai bis 11. Oktober 2009,
Wanderausstellung ab Frühjahr 2010,
im Zeitgeschichtlichen Forum Leipzig
der Stiftung Haus der Geschichte
der Bundesrepublik Deutschland,
Sommer 2011

Stiftung
**Haus der Geschichte
der Bundesrepublik Deutschland**

Inhalt

Hans Walter Hütter

Vorwort

15. August 1961: Zwei Tage nach Beginn des Mauerbaus springt der 19-jährige DDR-Bereitschaftspolizist Conrad Schumann an der Bernauer Straße in Berlin über den provisorisch ausgerollten Stacheldraht in den Westen. Der Fotograf Peter Leibing fängt diese Flucht in die Freiheit genau im Augenblick des Sprungs ein und fixiert mit seiner Kamera eindrücklich den Sekundenbruchteil des „Dazwischen", den Moment des Übertritts von der Diktatur in die Demokratie.

Das Bild macht Geschichte: In der Bundesrepublik Deutschland geht die Aufnahme als Symbol unbedingten Freiheitswillens in das Bildgedächtnis ein. Tausendfach reproduziert, künstlerisch verarbeitet, sogar auf Telefonkarten und T-Shirts gedruckt, zählt sie bis heute zu den wirkungsvollsten Ikonen unserer Nation. In der DDR hingegen waren Veröffentlichung und Verbreitung des Fotos tabuisiert.

Bildikonen verdichten Ereignisse und laden sie zusätzlich symbolisch auf. Durch ihre Unmittelbarkeit und ihre emotionale Qualität prägen sich diese Bilder vielen Menschen selbst dann dauerhaft ein, wenn ihr Entstehungskontext nicht mehr eindeutig benannt werden kann. In diesem Sinne sind Bildikonen nicht nur bedeutsame Mittel politischer Kommunikation, sondern auch Kristallisationspunkte des kollektiven Gedächtnisses und der nationalen Identität.

Die Ausstellung „Bilder im Kopf – Ikonen der Zeitgeschichte" widmet sich der Bedeutung von politischen Bildikonen. Die Auswahl der Fotografien orientiert sich an der Bedeutung und dem Bekanntheitsgrad der Bilder sowie deren Verankerung im kollektiven Gedächtnis. Aufnahmen aus verschiedenen Epochen deutscher Geschichte im 20. Jahrhundert spiegeln nicht nur historische Wandlungsprozesse, sondern auch zentrale Unterschiede zwischen der Bildwelt in Demokratien und in totalitären Systemen. Dabei blicken wir zugleich hinter die Kulissen: Die Ausstellung spürt spezifischen Bildtraditionen und ihren ästhetischen Merkmalen ebenso nach wie den Entstehungsbedingungen und der Rezeption der Ikonen. Eindrucksvoll führt sie vor Augen, in welchem Maße die Motive unseres nationalen Bilderhaushalts selbst geschichtliche Phänomene sind. Sie sind in einer spezifischen historischen Situation entstanden, zudem wandelt sich ihre Bedeutung im Laufe ihrer Wirkungsgeschichte mitunter fundamental.

In vielen Fällen wurden und werden Bilder sorgfältig komponiert, arrangiert und sogar nachgestellt. Meist soll dadurch gezielt die Symbolkraft erhöht, eine bestimmte Aussage unterstrichen oder die emotionale Wirkung verstärkt werden. Durch die Beständigkeit und Wirksamkeit der Ikone wird das reale Ereignis bisweilen sogar überlagert: Im Gedächtnis bleibt das Bild, nicht das tatsächliche Geschehen.

Insbesondere die beiden deutschen Diktaturen des 20. Jahrhunderts versuchen, die öffentliche Wahrnehmung zu kontrollieren und die Macht der Bilder für ihre Zwecke zu instrumentalisieren. Die Idealisierung, ja Mythisierung des eigenen politischen Programms ist für diese Bilderwelten ebenso kennzeichnend wie der ausgeprägte Personenkult. Die nationalsozialistische Propaganda zielt auch im Medium der Fotografie vor allem darauf ab, eine emotionale Identifikation der Bevölkerung mit der politischen Ideologie und dem „Führer" zu erzeugen. In der DDR streben die SED-Machthaber einen Kanon an, der sich allein an ihrer offiziellen Bildpolitik ausrichtet.

Auch Demokratien können und wollen nicht auf die identitätsschaffende Kraft politischer Bildikonen verzichten. Welche Bilder sich allerdings dauerhaft im kollektiven Gedächtnis festschreiben, hängt von vielen Faktoren ab: von ihrer Eindringlichkeit und Symbolkraft, von der Dramatik des historischen Ereignisses, von der medialen Berichterstattung. Der Blick auf die heutige Mediengesellschaft verdeutlicht dies. Aus der täglichen Bilderflut bleibt insbesondere das Auffällige – der unerwartete Bruch mit dem Alltäglichen – für längere Zeit im Kopf, und es kann nur durch seine Präsenz in den Medien zur Ikone werden. Am Beispiel der Terroranschläge des 11. September 2001 zeigt die Ausstellung die veränderte Macht von Bildern im neuen Jahrtausend.

Mit ihrer Konzentration auf die Ikonen der Zeitgeschichte beleuchtet die Stiftung Haus der Geschichte der Bundesrepublik Deutschland schlaglichtartig bedeutsame Aspekte des Bilderhaushalts in unserem Land. Die Ausstellung „Bilder im Kopf – Ikonen der Zeitgeschichte" ist ein Beitrag zum Doppeljubiläum der Bundesrepublik Deutschland in den Jahren 2009 und 2010: Sechzig Jahre liegt die Verkündung des Grundgesetzes und damit die Gründung unseres Staates zurück; vor zwanzig Jahren führten friedliche Revolution und Mauerfall schließlich zur Wiedervereinigung der beiden deutschen Teilstaaten.

Wie bei allen großen Ausstellungen waren zahlreiche Mitarbeiterinnen und Mitarbeiter der Stiftung an der Ausstellungsvorbereitung beteiligt. Mein Dank gilt zunächst dem Projektteam unter Leitung von Ulrich Op de Hipt und unserem Ausstellungsdirektor Dr. Jürgen Reiche. Die Gestaltung, für die Jochen Gringmuth und Tilman Thürmer verantwortlich zeichnen, eröff-

net attraktive, manchmal auch überraschende Sichtweisen auf die politische Bilderwelt des 20. und 21. Jahrhunderts.

Den Gremien der Stiftung – Kuratorium, Wissenschaftlicher Beirat und Arbeitskreis gesellschaftlicher Gruppen – danke ich für die vertrauensvolle und transparente Zusammenarbeit. Namentlich erwähne ich gern die Professoren Hélène Miard-Delacroix und Ulrich Borsdorf, die das Ausstellungsprojekt intensiv begleitet haben. Die Autoren dieses Begleitbandes – renommierte Bildwissenschaftler, Kunst- und Zeithistoriker – nähern sich aus unterschiedlichen Perspektiven dem Ausstellungsthema. Sie analysieren Einzelbeispiele und führen in die jeweilige Bildsprache der unterschiedlichen politischen Systeme ein. Ein Ausblick auf das neue Jahrtausend rundet das vorliegende Buch ab.

In verschiedenen Ausstellungen hat sich die Stiftung Haus der Geschichte der Bundesrepublik Deutschland mit dem Bild als Mittel politischer Kommunikation auseinandergesetzt. „Bilder, die lügen" thematisierte zunächst als Wechselausstellung und danach in einer erfolgreichen Wanderversion die Manipulation von und mit Fotografien sowie Filmen. „Bilder und Macht im 20. Jahrhundert" untersuchte die Bedeutung von Politikerdarstellungen. „Bilder im Kopf – Ikonen der Zeitgeschichte" schließt diese Reihe ab, die von der Prämisse geleitet wurde: Eine Demokratie lebt auch davon, dass der Souverän – das Staatsvolk – das omnipräsente und höchst eingängige Medium Bild immer wieder kritisch hinterfragt. Wenn wir mit unserer aktuellen Ausstellung dazu beitragen können, die Sensibilität für die vielschichtige Bedeutung moderner Bilddokumente zu schärfen, haben wir ein wichtiges Ziel erreicht.

Jürgen Reiche

Bilder im Kopf

onnenschein, blauer Himmel, leichter Wind,
der Tag hat sich prächtig angelassen. Fünf
junge Leute sitzen am Ufer des East River,
New York. Es ist kurz nach 9.00 Uhr Ortszeit.
Thomas Hoepker, einer der international profi-
liertesten deutschen Fotografen, ist auf dem
Weg nach Manhattan, als er diese beschau-
liche Szene fotografiert. Die Stimmung ist
gelöst, nichts deutet auf Außergewöhnliches
hin, sieht man einmal ab von den dunklen Wolken im Hintergrund. Und doch – drei Kilometer
von der trügerischen Idylle entfernt, ist wenige Minuten zuvor das Inferno ausgebrochen:
Passagierflugzeuge vom Typ Boeing 767 sind
in die Twin Towers des World Trade Centers
gerast. War es ein Unfall oder ein Verbrechen?
Wussten die jungen Leute nicht, was passiert
war? Wie konnten sie sich scheinbar so teil-
nahmslos gebärden?

Welten liegen zwischen den Bildern des
Schreckens, die wir vom 11. September 2001
im Kopf haben, und dem Bild von Thomas
Hoepker. Jeder von uns erinnert sich an die
Fernsehaufnahmen der Katastrophe. Sie haben

sich in das kollektive Gedächtnis der Weltbevölkerung eingebrannt.

Thomas Hoepkers Foto bleibt vier Jahre unter Verschluss, weil es nicht in das Schema öffentlicher Diskussionen und Empörungen passt. Erst 2005 präsentiert der Fotograf diese Aufnahme im Rahmen einer Werkretrospektive. Als er das Bild dem Münchner Stadtmuseum für diese Ausstellung zur Verfügung stellt, wirkt es auf ihn selbst verstörend und surreal. Stimmung und Ereignis verhalten sich so widersprüchlich zueinander, dass das Bild mehr Fragen aufwirft, als es Antworten bereithält. Vermutlich hätte es vor allem unsere Gefühle verletzt und unsere Wut infrage gestellt, die wir mit dem Attentat verbinden, erklärt Hoepker im Nachhinein die späte Veröffentlichung. Auch den couragierten Einsatz der Feuerwehrleute und freiwilligen Helfer hätte das Foto entwürdigt. Dieses Bild passt nicht zu den Terroranschlägen, lautet das allgemeine Urteil, das erschütterte Publikum will es nicht sehen. Ist es das „falsche" Bild? Gibt es überhaupt „richtige" und „falsche" Bilder? Welche Bedeutung haben Bilder in Bezug auf das Ereignis? So sehr die Aufnahme uns auch entsetzt, irritiert oder in ihren Bann zu ziehen vermag – zu einer Ikone konnte und durfte sie sich nicht entwickeln.

Historische Bildikonen sind sogenannte Schlüsselbilder, die im kollektiven Gedächtnis als Abbild eines besonderen Ereignisses gespei-

chert sind. Ebenso wie die Bezeichnung Ikone für ein Andachtsbild der orthodoxen Kirche leitet sich der Begriff von dem griechischen Wort εικών (eikón) ab. Mit ihm war weniger das bloße Abbild, sondern vielmehr ein Erinnerungs- und Gedächtnisbild gemeint, das an die Stelle des nicht mehr vorhandenen oder erreichten „Urbildes" treten sollte. Aufgrund der Häufigkeit, Dauer und Streuung ihrer publizistischen Verbreitung in Büchern, vor allem Schulbüchern, Zeitschriften, Zeitungen oder Filmbeiträgen haben Bildikonen einen kontinuierlich hohen Bekanntheitsgrad erhalten. Sie dienen als konkrete Bezugspunkte unserer Erinnerung und sind nicht austauschbar – auch wenn andere Bilddokumente existieren, so ist doch nur eines zur Ikone aufgestiegen. Grundvoraussetzungen dafür sind eine eingängige Bildsprache, die Komplexität des Bildinhaltes und ein möglichst großes Überraschungsmoment.

Es gibt kaum ein zeithistorisches Ereignis von Rang und Bedeutung, das wir nicht mit solchen Schlüsselbildern assoziieren. Ikonen nehmen in entscheidendem Maße Einfluss auf unser Denken und Handeln, dabei überlagern sie bisweilen selbst reale Erfahrungen. Ikonen ist es zu danken, dass Personen und historische Ereignisse in das kollektive Gedächtnis eingegangen sind, die der Einzelne mit seinem persönlichen Erfahrungshorizont gar nicht abdecken kann. Bilder verleihen bedeutenden

Ereignissen eine eigene Identität, die untrennbar mit unserer Wahrnehmung und Deutung des Geschehens verbunden ist. Niemals bloß Abbildungen des Geschehens beeinflussen sie den historischen Prozess, indem sie bewusstseins- und meinungsbildend wirken. Die Medialisierung historischer Ereignisse erreicht seit den 1960er Jahren eine neue Qualität: Das sich als Leitmedium etablierende Fernsehen trägt die zunehmend globalisierten Bilderwelten in die privaten Haushalte und schafft auf diese Weise jedem vertraute Foto- und Bildikonen. Der Krieg in Vietnam nimmt ab 1965 in diesem Zusammenhang eine zentrale Rolle ein. Er markiert eine Zäsur in der Entwicklung der Bildberichterstattung und des Bildjournalismus, ebenso wie die Ermordung John F. Kennedys im Jahr 1963 und seines Bruders Robert Kennedy 1968 oder die Bilder der ersten Mondlandung 1969.

● Unvergessene Bilder der deutschen Geschichte

„Geschichte zerfällt in Bilder, nicht in Geschichten", erkannte auch der deutsch-jüdische Philosoph und Schriftsteller Walter Benjamin. Bilder beeinflussen nachhaltig unser Weltbild. Sie führen die Gemüter zusammen oder entzweien sie je nach Zugänglichkeit und Kontextualisierung der Bilderwelten. Die Ausstellung „Bilder im Kopf – Ikonen der Zeitgeschichte" zeigt, dass Bilder aus sehr unterschiedlichen histo-

rischen Zusammenhängen und Bedeutungskontexten als unverzichtbare Instrumente politischer Kommunikation zu bewerten sind. In ihnen spiegeln sich immer auch ein politisches Programm und ein System, wenn auch jeweils auf ganz unterschiedliche Art und Weise.

Die Nationalsozialisten nutzen die fundamentale Wirkung von Bildern und setzen sie als Instrument politischer Herrschaft professionell und gezielt ein. Zu den bedeutendsten Inszenierungen der nationalsozialistischen Propaganda zählt der „Tag von Potsdam" am 21. März 1933. Joseph Goebbels, Reichsminister für Volksaufklärung und Propaganda, organisiert eine mediale Mobilmachung, die das Ereignis zu einem „Tag der nationalen Erhebung und Wiedergeburt" und nach dem 30. Januar 1933 zu einem zweiten symbolpolitischen Gründungstag des „Dritten Reichs" aufwertet. Das Bild des Händedrucks zwischen Reichspräsident Paul von Hindenburg und Reichskanzler Adolf Hitler soll die Eintracht zwischen alter und neuer Macht symbolisieren: Es entwickelt sich – erst in der Nachkriegszeit – zu einem Sinnbild der nationalsozialistischen Machtübernahme und der Machtübergabe durch die alten Eliten.

Einen starken Kontrast zur Propaganda des „Dritten Reichs" bildet das Foto eines kleinen Jungen, der 1943 von der SS aus dem Warschauer Ghetto abtransportiert wird. Von seinem eigentlichen Entstehungskontext gelöst,

   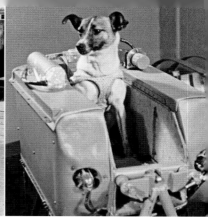

entfaltet das Bild eine hohe emotionale Wirkkraft. Es entwickelt sich zum Symbol der Unmenschlichkeit, der Unterdrückung und des Mordes an Millionen Juden im Nationalsozialismus. Mit der Niederlage Deutschlands verschwindet 1945 die Bilderwelt der nationalsozialistischen Diktatur, Bilder der Alliierten treten zunächst an ihre Stelle. Der Film „Todesmühlen", zu dessen Aufführung die Amerikaner 10.000 Deutsche zwingen, zeigt das wahre Ausmaß der Schrecken und Verbrechen. Margaret Bourke-White veröffentlicht in der Zeitschrift „Life" Bilder von toten Nationalsozialisten und festgenommenen Kriegsverbrechern. Die Fotografin Lee Miller lässt sich sogar in der Badewanne Hitlers in seiner Privatwohnung am Münchener Prinzregentenplatz ablichten. Der Führermythos wird entweiht, die Botschaft ist unmissverständlich.

Erinnerte Bilder sind keine passiven, abgelegten Dokumente im kollektiven Gedächtnis. Über Bilder aus der Vergangenheit wird auch unser „Bild" der Vergangenheit erzeugt, analysiert und strukturiert. Historische Ereignisse, von denen keine Bilder überliefert sind, werden weniger wahrgenommen als in Bildern dokumentierte Geschichte. So wird bei der Diskussion um die Bedeutung der „Vergegenwärtigung von Vergangenheit durch Bilder" zu Recht daraufhin gewiesen, dass der sowjetische GULag aus Mangel an Bildbeispielen keinen Platz im visuellen kollektiven Gedächtnis gefunden hat. Auch in der DDR blendet die offizielle Berichterstattung Bilder aus, die sie nicht zeigen kann oder will. So schaffen die Machthaber eine eigene Bilderwelt, in die allerdings – trotz aller staatlichen Versuche, dem entgegenzuwirken – auch Westikonen Eingang gefunden haben. Die Bevölkerung der DDR erinnert sich daher nicht nur an die Hündin Laika, die am 3. November 1957 als erstes Lebewesen mit „Sputnik 2" den Weltraum erreicht und die vorläufige sowjetische Führung im Wettlauf mit den USA untermauert, sondern ebenso an die Westdeutschen, die in den Jahren 1955 und 1956 aus sowjetischer Kriegsgefangenschaft heimkehren, an das Treffen zwischen dem französischen Präsidenten Charles de Gaulle und Bundeskanzler Konrad Adenauer in Reims 1962 oder an den Besuch John F. Kennedys in West-Berlin im Juni 1963. Den offiziell erwünschten Teil des DDR-Bilderhaushalts bestimmen der Händedruck Wilhelm Piecks und Otto Grotewohls am 21. April 1946 als Zeichen der sozialistischen Einheit, der Bergmann Adolf Hennecke, den die SED 1948 als ersten Aktivisten präsentiert, und die Kampfgruppen vor dem Brandenburger Tor, die am 14. August 1961 – einen Tag nach dem Mauerbau – als Symbol des „antifaschistischen Schutzwalls" fotografiert werden. In der Bundesrepublik Deutschland hingegen prägen die Bilder des Volksaufstands vom 17. Juni 1953

oder des Bereitschaftspolizisten Conrad Schumann, der bei seiner Flucht über den Stacheldraht der im Bau befindlichen Mauer springt, den Blick auf die SED-Diktatur.

Aus der Masse westdeutscher Fotografien ragen weitere Arbeiten heraus, die Geschichte geschrieben haben und heute noch schreiben. Krisen und Umbruchssituation sind ein idealer Nährboden für die Entstehung dieser Bildikonen. So steht das Foto des „Rosinenbombers" für die Hilfe der westlichen Alliierten während der Berlin-Blockade 1948/49. Der Ost-West-Gegensatz, die deutsche Teilung und die Wiedervereinigung bieten den Hintergrund für Motive, die den Betrachter nicht zuletzt aufgrund ihrer affirmativen Qualitäten ansprechen und sich in besonderem Maße als Projektionsfläche für kollektive Identifikation, Hoffnungen aber auch Ängste eignen. Die meisten dieser Bilder verfehlen ihre Wirkung bis heute nicht.

Visuelle Akzente setzt auch der gesellschaftliche Protest der 1960er Jahre. Fotografen und Filmemacher sehen in ihren Bildern Instrumente der Gesellschaftskritik und Gesellschaftsveränderung. Demonstranten verkünden auf Transparenten Losungen wie „Unter den Talaren – Muff von 1000 Jahren", mit denen sie sich im Kampf für politische Veränderungen und sexuelle Befreiung gegen das „Establishment" richten. Die Ikonen der Studentenbewegung gehen als Symbole des gesellschaftlichen Wandels in das kollektive Bildgedächtnis ein. Dabei entfalten manche Bilder eine politische Wirkung: Der Tod des Studenten Benno Ohnesorg am 2. Juni 1967 löst Empörung aus. Das Bild ist für viele Studenten ein unmissverständliches Zeichen der Gewaltbereitschaft staatlicher Behörden und der Unterdrückung abweichender Meinungen. Ohnesorgs Tod markiert eine Zäsur in der politischen Auseinandersetzung im Westdeutschland der 1960er Jahre, aber auch eine Zäsur in Bezug auf die Produktion von Bildikonen: Der 2. Juni wird zum symbolischen Ausgangspunkt des westdeutschen Terrorismus der 1970er Jahre. Zu dessen zentralen Bildern gehört auch eines, „das niemals hätte veröffentlicht werden dürfen – weil es niemals hätte gemacht werden dürfen", so der ehemalige „Spiegel"-Chefredakteur Stefan Aust: Das Foto des entführten Arbeitgeberpräsidenten Hanns Martin Schleyer, den Mitglieder der RAF am 5. September 1977 in ihre Gewalt bringen und nach über fünf Wochen Geiselhaft töten, ist bis heute Sinnbild einer der größten innenpolitischen Krisen in der Geschichte der Bundesrepublik.

● **Die Ausstellung „Bilder im Kopf – Ikonen der Zeitgeschichte"**

Das 20. Jahrhundert ist das Zeitalter der politisch motivierten Bilder. Neu ist nicht das Zusammenspiel von Bildern und Macht in seiner

Existenz an sich, sondern die außerordentliche Akzeptanz und die dominante Stellung, die Bilder im Laufe der Zeit durch die Fortentwicklung der Medien erreicht haben. Das Universum des Visuellen bestimmt zunehmend unsere Vorstellungen im global verflochtenen, wirtschaftlichen und politischen Alltag. Allerdings ist die Macht von Bildern in ihrem kulturhistorischen und politischen Wert längst nicht überall in das gesellschaftliche Bewusstsein eingedrungen, geschweige denn hinreichend erkannt. Die Ausstellung „Bilder im Kopf – Ikonen der Zeitgeschichte" will den Blick dafür schärfen. Sie analysiert in einem chronologischen Rundgang die Entstehungs- und Rezeptionsgeschichte von deutschen politischen Ikonen in ihrem jeweiligen historischen Kontext und verweist auf die Bedeutung internationaler Bildikonen für Deutschland. Diese Ausrichtung folgt der Einsicht, dass jedes System und jede Zeit unterschiedliche Voraussetzungen zur Herausbildung von Ikonen bereithält und erzeugt.

Entscheidendes Kriterium bei der Auswahl der Fallbeispiele waren die Bedeutung und der Bekanntheitsgrad der Bilder und deren Verankerung im kollektiven Gedächtnis. Die Ausstellung geht Fragen nach, deren Beantwortung Aufschluss über die besondere Kraft der Bilder geben soll: Woran misst sich die Qualität dieser Bilder? In welcher Bildtradition stehen sie? Gibt es Archetypen, von denen sie sich ableiten

lassen, und sind diese der Grund, weshalb die Bilder stärker erinnert werden als andere? In welchem Kontext sind die Bilder zu beurteilen? Wie ist ihre politisch-historische Bedeutung zu bewerten? Welche Funktion erfüllen sie in der historischen Rezeption? Die Auswahl – die keinen Kanon konstruiert, geschweige denn postuliert – berücksichtigt exemplarische Bilder aus den verschiedenen Epochen deutscher Geschichte, aus der Zeit des Nationalsozialismus, der Bundesrepublik Deutschland und der DDR. Dabei hat auch die Frage nach einem gesamtdeutschen oder einem möglicherweise spezifisch westdeutschen beziehungsweise ostdeutschen Bilderhaushalt Berücksichtigung gefunden. Eine weitere Betonung galt der unterschiedlichen Wirkung, Zielsetzung und Inszenierung von Bildikonen in Demokratien und totalitären Systemen, verbunden mit der Frage nach den jeweiligen Rahmenbedingungen und Handlungsspielräumen.

Entstanden ist eine aussagekräftige Darstellung deutscher Geschichte aus einem für viele Besucher ungewohnten Blickwinkel. Wie die politisch Handelnden sich der Medien bedienen, wie umgekehrt die Medien politisch agieren und wie Bilder unser Denken und Handeln beeinflussen, auch das ist der Stoff, aus dem Politik und Geschichte gemacht sind. So offenbart sich in der Analyse einer Bildikone nicht selten eine ganze Epoche.

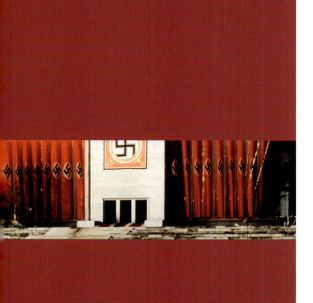

Hans-Ulrich Thamer

Macht und Wirkung

nationalsozialistischer Bilder

Was wir vom Nationalsozialismus wissen, das wissen wir zuerst durch Bilder. Dazu gehören Selbstinszenierungen des Nationalsozialismus, die den Glanz und die Macht der Führerherrschaft darstellen sollen und die bereits die Wahrnehmung der Zeitgenossen prägen; aber auch Bilder, die das Grauen des Krieges und der nationalsozialistischen Massenverbrechen repräsentieren und die sich erst später, manchmal sehr viel später, in unser Gedächtnis eingegraben haben.

Insbesondere Fotos und Filme haben die zeitgenössische Wahrnehmung sowie die Erinnerung an die nationalsozialistische Diktatur beeinflusst. Genauer gesagt: Wir meinen, durch

Plakat aus den 1930er Jahren.

diese Bilder Wissen vom Nationalsozialismus zu besitzen oder zu gewinnen, denn wir unterstellen ihnen Authentizität. Nur was ich sehe, glaube ich auch. Bilder scheinen darum Realitäten unmittelbarer und unverfälschter wiederzugeben als Texte. Sie verwandeln wichtige und historisch komplexe Vorgänge in einen einzigen „permanenten" Ausdruck für die Mit- und vor allem die Nachwelt, der geschichtliche Zusammenhänge vermittelt und ihnen einen Sinn verleiht. So können Bilder Vorstellungen von Geschichte langfristig prägen.

Allerdings lehren uns spätestens die Erfahrungen der totalitären Diktaturen des 20. Jahrhunderts, dass Bilder auch lügen können. Das gilt grundsätzlich für alle politischen Kulturen. Doch während wir in demokratischen und pluralistischen Gesellschaften im Allgemeinen davon ausgehen können, dass es zu den meisten historisch-politischen Vorgängen mehrere, voneinander abweichende Überlieferungen gibt, gilt das für Diktaturen nicht oder kaum. Nationalsozialistische wie kommunistische Propagandisten haben Bilder ausgewählt, nachgestellt, unterdrückt, retuschiert oder auf andere Weise manipuliert. Sie haben durch die Steuerung der Fotojournalisten, durch Presseanweisungen und durch andere Zwangsmaßnahmen versucht, auf Fotografien einzuwirken.

● **Die nationalsozialistische „Bilderfabrik"**

Mit dem „Reichsausschuss der Bildberichterstatter" und einem Referat für Fotografie im Reichsministerium für Volksaufklärung und Propaganda besitzen die Nationalsozialisten die übliche Kombination von Zwangsverband und staatlicher Lenkung. Die Propagandaabteilungen wollen überdies auch auf die private Fotografie Einfluss nehmen, sie organisieren Ausstellungen, kontrollieren Amateurvereinigungen und verfassen Fotoratgeber. Erwünscht ist ein systemkonformes Fotografieren, die Produktion von idyllischen möglichst widerspruchsfreien Bildern.

Im journalistischen Bereich müssen die Nationalsozialisten Fotos nicht unbedingt neu montieren und missliebige Personen auslöschen beziehungsweise durch andere ersetzen. Es reicht aus, einen gewissen Ausschnitt oder eine bestimmte Perspektive zu wählen, die etwa eine Führerfigur zusätzlich erhöht oder über Leerstellen hinwegtäuscht. Überdies präsentieren die Medien scheinbar harmlose Bilder vom „Privatleben" einer politischen Figur. Diese täuschen eine unpolitische Alltäglichkeit Adolf Hitlers auf dem Berghof vor und stellen ihn als den besucher- und kinderfreundlichen „Führer" dar, beispielsweise in den einschlägigen Fotobänden seines Leibfotografen Heinrich Hoffmann. Die massenhaft verbreiteten Bildserien Hoffmanns und andere weniger prominente Produkte suggerieren den unschuldigen Blick auf den Alltag einer Gesellschaft, die über ihre öffentlichen Bilderwelten allerdings nicht autonom verfügen kann, sondern sich mit Bildern aus einer „Bilderfabrik" verführen lässt.

Die Wirkung von Bildern kann überdies damit zusammenhängen, dass die neu geschaffenen Bilder an ältere Traditionen anknüpfen, diese für die intendierten politischen Propagandaansprüche einsetzen und dabei auch umdeuten. Die Nationalsozialisten setzen dies vielfach und wirkungsvoll ein: Aus Gründen der Konsensstiftung verbinden sie Bilder eklektisch mit symbolischen Kommunikationsformen aus der kirchlichen Liturgie oder aus jugendbündischen Kulturen.

Bilder sind also niemals nur Abbild einer Realität; sie illustrieren nicht, sondern sie repräsentieren das, was sie darstellen wollen. Sie werden von den Überzeugungen ihrer Produzenten und auch Auftraggeber strukturiert. Das macht sie für den Historiker nicht wertlos: Die verwendeten Bildtypen und -traditionen, aber auch die Formen der Distribution und Rezeption erzählen sehr viel über die gesellschaftlichkulturellen Kontexte und Leitbilder, in denen die Bilder entstanden sind und die sie repräsentieren sollen. Daneben geben sie Aufschluss über die Nach- und Wirkungsgeschichte einer medial vermittelten Geschichtserzählung, über ihren Entdeckungs- und Verbreitungszusammenhang, über die Gründe, die erst zu einem bestimmten Zeitpunkt zur „Karriere" eines Bildes führen oder es plötzlich in einem anderen Wahrnehmungszusammenhang erscheinen lassen.

Nicht nur die Geschichte von Aufstieg und Herrschaft des Nationalsozialismus ist darum von der Macht der Bilder geprägt, sondern auch seine lange Nachgeschichte, die bis heute andauert. Dabei handelt es sich teilweise um Bilder, die schon die Zeitgenossen fasziniert haben und von denen wir uns durch historisches Wissen und durch kritische Interpretation distanzieren, aber auch um solche, die mittlerweile ebenso zu unserem festen Bildgedächtnis ge-

Hitlers Leibfotograf Heinrich Hoffmann nimmt auch an eher privaten Rheinreisen mit hohen NS-Funktionären teil. Neben seinen Fotos von nationalsozialistischen Masseninszenierungen bedient sich die Propaganda scheinbar inoffizieller Aufnahmen Hitlers mit Kindern.

*„Triumph des Willens":
Szene aus Leni Riefen-
stahls Parteitagsfilm, 1934.*

*Die Reichsparteitage
finden bis 1938 jährlich
unter einem bestimmten
Motto in Nürnberg statt.
Das Foto vom Parteitag
„Sieg des Glaubens" 1933
zeigt Adolf Hitler und
SA-Stabschef Ernst
Röhm beim Aufmarsch
von SA und SS.*

hören, jedoch lange Zeit unterdrückt worden sind. Sie zeigen vor allem die gewalttätige und mörderische Seite des Nationalsozialismus, die dieser von Anfang besessen, aber hinter Bildern verborgen hat. Deshalb beginnt ihre Bild- und Wirkungsgeschichte erst Jahre und Jahrzehnte nach dem Untergang des „Dritten Reichs". Darin manifestiert sich die Ambivalenz des Nationalsozialismus: Die Belege der national-sozialistischen Gewalt und Massenverbrechen untergraben die Macht der Bilder, welche Glanz und Faszination einer Diktatur repräsentieren, einer durch Zustimmung und Mobilisierung legitimierten Diktatur, die sich auf die Macht der von ihr produzierten Bilder gestützt hat.

● Führerkult und Volksgemeinschaft

Die Bilder, die wir im Gedächtnis haben, wenn wir an die Faszinations- und die plebiszitäre Legitimationskraft des Nationalsozialismus in seiner Aufstiegs- und Machtdurchsetzungs-

phase denken, entstammen zunächst der natio-nalsozialistischen Propagandaproduktion, die im Vergleich zu anderen Parteien sehr früh mit ihrer Arbeit beginnt und den Führerkult selbst repräsentiert. Dazu gehören vor allem Bilder der nationalsozialistischen Selbstinszenierun-gen, beispielsweise Massenkundgebungen und -demonstrationen der Nationalsozialisti-schen Deutschen Arbeiterpartei (NSDAP) und ihrer uniformierten Kampfbünde Sturmabtei-lung (SA) und Schutzstaffel (SS) oder Reden und Wahlkampfauftritte Hitlers im Jahr 1932 und im Frühjahr 1933, bei denen er modernste Kommunikationstechnik einsetzt. So nutzt er für seine Wahlkampfreisen im Sommer 1932 ein Flugzeug, das ihm erlaubt, an einem Tag in mehreren Städten mit dem Werbespruch „Hit-ler über Deutschland" präsent zu sein. Plakate, Fotos und Filme verbreiten diese mehrdeutige politische Botschaft, die den Führerkult um Hit-ler über die eigenen Parteikreise hinaus mas-senwirksam reproduziert und das Gefühl der Unwiderstehlichkeit und Erlösung vermittelt.

Erfolgreiche Bildmuster werden wiederholt: Das Bild vom Heilsbringer Hitler, der aus den Wolken kommt und Rettung bringt, greift Leni Riefenstahl später, unter den Bedingungen einer durch Zustimmung und Gewalt gefes-tigten politisch-gesellschaftlichen Macht des Nationalsozialismus, in der Eingangssequenz ihres NSDAP-Parteitagsfilmes „Triumph des Willens" wieder auf und inszeniert es noch wirkungsvoller, indem sie die religiös-charisma-tischen Momente verstärkt. Denn nun, im Jahr 1934, haben die Nationalsozialisten bereits eine eigene Parteilegende, die immer wieder zitiert werden kann. Sie verfügen, im Unterschied zu 1932, über die unumschränkte Macht, die keine öffentliche Kritik zulässt, aber erlaubt, alle

technisch-informationellen Mittel zur Vorbereitung und Verbreitung der filmisch-bildlichen Botschaft einzusetzen. Mehr noch, auch der politische Kontext und Deutungszusammenhang, in dem das Bild vom Retter und Heilsbringer erscheint, hat sich verändert. Die erste große Phase der „Machtergreifung" ist abgeschlossen, auch die systeminternen Gegner aus SA und nationalkonservativem Milieu hat Hitler ausgeschaltet, nun geht es darum, das Bild vom rastlos tätigen, omnipräsenten „Führer" für die pseudo-religiöse Legitimation und innere politische Formierung zu nutzen.

Im Kern gilt dieses Vorgehen auch für die anderen Bildikonen des Nationalsozialismus und erklärt ihre Wirkungsgeschichte: Die spezifisch nationalsozialistischen Bildmotive setzen die Propagandisten aus unterschiedlichen und vertrauten symbolisch-ästhetischen Traditionen zusammen, sie wiederholen sie vielfach, verbreiten und verstärken sie in den unterschiedlichsten Medien und sanktionieren sie durch den staatlichen Apparat. Das wirkungsvollste Bild der nationalsozialistischen „Machtergreifung", die zunächst eine Machtübertragung und die dadurch verliehene Chance zur brutalen Durchsetzung eines totalitären Machtwillens war, stammt vom 30. Januar 1933 und zeigt die nationalsozialistische Fähigkeit zur Improvisation und Manipulation. Das Foto vom Fackelzug am Abend des 30. Januar 1933, nach der Ernennung Hitlers zum Reichskanzler, die am Mittag erfolgt ist, setzt auf dieselben Bildelemente von pseudo-religiösen und radikalnationalistischen Schauder- und Überwältigungsgefühlen wie das eben erwähnte Bild von der heilbringenden Führergestalt. Was am frühen Abend des 30. Januar durchaus improvisiert beginnt und von zahlreichen Zeitzeugen in Tagebüchern

beziehungsweise in Rückblicken erzählt und teilweise auch gedeutet wird, ist ein Zug von höchstens 60.000 Teilnehmern, darunter mehr als 20.000 SA- und SS-Leute in Uniform, 3.000 Stahlhelm-Mitglieder in feldgrauen Uniformen und einige Zehntausend NSDAP-Mitglieder in Zivil. Gemessen an der tatsächlichen Teilnehmerzahl repräsentiert der Fackelzug längst nicht jene Massenbeteiligung und einhellige Zustimmungs- und Aufbruchbereitschaft, die aus dem Vorgang später – auch durch die nationalsozialistischen Bilder und Selbstdeutungen – herausgelesen und erinnert wird. An der Spitze des stundenlangen Zuges durch das Brandenburger Tor ins Regierungsviertel lässt Joseph Goebbels die SA marschieren, um das Gewicht beziehungsweise den Machtanspruch des NSDAP/SA-Komplexes in der neuen, von einem Bündnis der Deutschnationalen und der NSDAP getragenen Regierung symbolisch zum Ausdruck zu bringen. Die Polizei begleitet den Zug faktisch als sympathisierender Teil-

Dreharbeiten:
Leni Riefenstahl im
September 1934 auf dem
Reichsparteitag
„Triumph des Willens".

Volksgemeinschaft:
Den Aufmarsch des
Reichsarbeitsdienstes
inszeniert Leni Riefen-
stahl in ihrem Parteitags-
film als Gemeinschafts-
erlebnis.

Am Abend des historischen 21. März sollen sich durch alle Städte und Dörfer des ganzen Reiches Fackelzüge der nationalen Parteien und Verbände, der Studentenschaft und der Schuljugend bewegen! Auf unseren deutschen Bergen und Höhen sollen die Freiheitsfeuer aufflammen!

Joseph Goebbels, Aufruf vom 18. März 1933 zu nationalen Feiern am „Tag von Potsdam"

„Tag von Potsdam": Fackelzug vor dem Brandenburger Tor am 21. März 1933.

nehmer. Die Scheinwerfer sind auf die beiden Fenster gerichtet, an denen der Reichspräsident Paul von Hindenburg beziehungsweise Hitler stehen. Die deutschnationale Presse stellt Hindenburg als die zentrale Figur der Jubelfeier dar, die Fackelzüge seien eine Huldigung seiner Person; viele Zeitgenossen fühlen sich, gefangen von der Macht älterer Bilder, an den Geist vom August 1914 erinnert, an Aufbruch und Einheit. Für die Nationalsozialisten hingegen ist die Massenmobilisierung die Vorbereitung für den kommenden Wahlkampf und für die Machteroberung im Inneren, auch durch Gewalt.

Die Fackelzüge wiederholen sich in den folgenden Tagen in vielen Städten außerhalb Berlins, was die symbolische Kraft des Ereignisses

verstärkt und sich zu einem beliebten Verfahren nationalsozialistischer Inszenierungstechniken entwickelt. In Berlin veranstaltet der Nationalsozialistische Deutsche Studentenbund am 31. Januar einen eigenen Zug, der vor der Börse, dem „Mekka des deutschen Judentums", wie die rechtsgerichtete „Deutsche Zeitung" schreibt, mit antisemitischen Parolen endet. Andere Beobachter nehmen neben der Begeisterung auch die drohenden Untertöne von Gewalt und Aggression wahr, die schon Teil des Fackelzuges vom 30. Januar waren und sich in den folgenden Wochen der nationalsozialistischen Machteroberung auf der Straße, getragen von immer mehr Parteiaktivisten, entladen.

Das geht freilich nicht aus den Fotos hervor, die sich bald als Bilderzählung vom 30. Januar 1933 durchsetzen. Um den Eindruck von Massenhaftigkeit und Geschlossenheit zu verstärken, hinter dem sich schon kurz nach dem 30. Januar die Verfolgung und Entrechtung der politischen Gegner beziehungsweise der rassenideologisch Stigmatisierten versteckt, lässt Goebbels den Fackelzug später nachstellen, nun sehr viel geordneter: Er wirkt wie ein unendlicher, vom Fackelschein illuminierter Lindwurm, der sich mit scheinbar grenzenloser Macht durch das Berliner Machtzentrum bewegt. Dass sich das Brandenburger Tor als symbolträchtiger Ort vorzüglich eignet, eine neue nationale Einheit und Erhebung zu präsentieren, demonstriert Goebbels – inzwischen Reichsminister für Propaganda und Volksaufklärung – Wochen später, als er zum Abschluss des „Tags von Potsdam", dem 21. März 1933, wiederum einen Fackelzug durch Berlin und durch das Brandenburger Tor organisiert. Nun hat sich die Dynamik der nationalsozialistischen Machteroberung offenbar schon so weit durchgesetzt, dass man mit dem Bild vom Fackelzug durch das Brandenburger Tor auch ein Gegengewicht zur Inszenierung in und vor der Potsdamer Garnisonkirche schaffen kann, die – so improvisiert sie ist – allzu sehr das Übergewicht der monarchisch-konservativen Tradition inszenatorisch zum Ausdruck bringt. Das Bild einer Massenmobilisierung auf der Straße, vor allem von SA- und Parteiaktivisten, soll – in einer Art

Konkurrenz um die symbolpolitische Vorherrschaft gegenüber der deutschnationalen Tradition – die volksgemeinschaftlich-nationale Komponente und damit das revolutionäre Gewicht der NSDAP als Repräsentantin der neuen Gemeinschaft symbolisieren. Ebenso wie sich dafür bald der Begriff „Machtergreifung" im nationalsozialistischen Sprachgebrauch durchsetzt, der den Vorgang der Machtübertragung und der Bündniskonstellation im Zeichen der „nationalen Erhebung" überlagert und den eigenen Machtanspruch begründet.

● **Die Reichsparteitage – Höhepunkte der Selbststilisierung**

Die Nazionalsozialisten inszenieren den führerbezogenen, totalitären Macht- und Mobilisierungsanspruch, verbunden mit pseudo-religiösen und militärischen Elementen, nach der

Blendwerk:
Der Lichtdom über dem
Zeppelinfeld beeindruckt
die Reichsparteitags-
teilnehmer 1937.

erfolgreichen ersten Phase der Machtmonopolisierung nirgends so eindrucksvoll und wirkungsmächtig wie auf den Nürnberger Reichsparteitagen der NSDAP. Die mehrtägigen Masseninszenierungen auf den eigens für diese Zwecke geschaffenen Tribünen und Aufmarschplätzen mit ihrer Monumentalarchitektur und ihren Bühnenwelten, welche die Parteiaktivisten bald verklärend als „Tempelstadt der Bewegung" bezeichnen, gelten nicht nur als „Heerschau der Bewegung", sondern werden zum Ort der Führerverherrlichung. Dazu dienen Architekturelemente, wie die zu „Führerkanzeln" stilisierten Rednertribünen, ferner die Präsentation Hitlers als Mittelpunkt jeder einzelnen Programmabfolge sowie seine Selbststilisierung zum umjubelten „Führer der Nation". Bei Kundgebungen vor seiner Massengefolgschaft verklärt er sich in quasi-messianischer Form zur Identifikationsfigur einer ganzen Nation, als er verkündet: „Daß ihr mich gefunden habt und daß ich Euch gefunden habe, das ist das Wunder dieser Zeit." Diese Botschaft der volksgemeinschaftlichen Integra

Masse und Macht: Das völkische Gemeinschaftserlebnis aus der Perspektive Hitlers, 1933.

tion und Identität wird durch die Macht der Bilder verstärkt, die ihrerseits teilweise rückwirkend auch die Inszenierung des zunehmend umfangreichen, schließlich bis auf sieben Tage ausgedehnten Massenspektakels in den Folgejahren beeinflusst. Das gilt vor allem für die Wirkung des bereits erwähnten Films von Leni Riefenstahl, der den Parteitag von 1934 nicht etwa nur dokumentiert, sondern nachstellt und auf seine Botschaft vom Führerkult fokussiert. Alle weiteren Inszenierungen bis 1938 – der als „Parteitag des Friedens" für den September 1939 geplante Parteitag wird Ende August 1939 kurzfristig abgesagt, weil die militärische Mobilisierung nun blutiger Ernst geworden ist – folgen dem Muster der von Riefenstahl gekonnt akzentuierten und damit neu geschaffenen Bilder. Die zahlreichen offiziellen Fotos, zu denen die Regisseurin selbst durch einen eigenen Bildband vom Parteitag 1934 beiträgt, vermitteln immer wieder dieselben Botschaften von der Geschlossenheit der nationalen und kampfbereiten Volksgemeinschaft. Sie zeigen das Ornament der in riesigen Marschblöcken angetreten Parteisoldaten; sei es der SA und SS im Nürnberger Luitpoldhain, des Reichsarbeitsdienstes sowie der Hitlerjugend und des Bundes Deutscher Mädel auf dem benachbarten Zeppelinfeld beziehungsweise im Stadion. Auch die nächtlichen Inszenierungen der Politischen Leiter der NSDAP wiederum auf dem Zeppelinfeld zählen zu diesem Bildprogramm. Sie beeindrucken durch den aus knapp hundert Flakscheinwerfern gebildeten gemeinschaftsstiftenden Lichtdom, der die Geborgenheit der führerorientierten Innenwelt vom Dunkel der Außenwelt abschirmt. Schließlich zeigen die Fotos die Märsche einzelner Parteiformationen von den neuen „Tempelanlagen der Bewegung"

vor den Toren des alten Nürnberg in das Zentrum der „Stadt der Reichsparteitage", welche die Verbindung von reichsstädtischer Tradition und der Dynamik einer pseudo-revolutionären Massenbewegung repräsentieren und mit geborgten sakralen Elementen verklären sollen. Die charismatische Beziehung zwischen Führerfigur und Volksgemeinschaft, welche die nationalsozialistische Propaganda unaufhörlich behauptet und darstellt, findet hier ihre wirkungsmächtigste Bilderwelt, die auch ausländische Teilnehmer nicht unberührt lässt. Hitler und Goebbels sind sich gleichwohl bewusst, dass ihre Macht durch die ständig wiederholte Zurschaustellung verblassen könnte. Durch jährliche Korrekturen und Überarbeitungen des mehrteiligen Parteitagsrituals suchen sie nach einer inszenatorischen Gestaltung von dauerhafter Gültigkeit, die ebenso nachhaltig wirken soll wie die Kulissenwelten der Parteitagsarchi-

tektur. Bei diesem Versuch, eine charismatische Herrschaft dauerhaft zu etablieren, kommt den Bildern der Foto- und Filmproduktion große Bedeutung zu: Sie wirken sinnstiftend und verkörpern eine Massenwirksamkeit, die über den Kreis der Parteitagsteilnehmer weit hinausreicht und diese zu scheinbaren Zeitzeugen macht.

● Bilder von Krieg und Vernichtung

In der Wahrnehmung der Zeitgenossen zunächst untergeordnet oder mit herkömmlichen Kriegsbildern identifizierbar sind die Bilder vom Kriegsbeginn und dem Triumph der „großdeutschen Wehrmacht" in Polen und Frankreich, die sich noch scheinbar in die tradierten Bilderinnerungen eines europäischen Krieges einordnen lassen. Das Foto, auf dem Wehrmachtssoldaten einen Schlagbaum an der deutsch-polnischen

Grenze am 1. September 1939 niederreißen, suggeriert die nationale und revisionspolitische Berechtigung zur Aufhebung der schon lange als volkstumswidrig denunzierten und nicht anerkannten Grenzziehung von 1919. Dass ausgerechnet dieses Bild zur Ikone für den Beginn des Zweiten Weltkriegs wird, ist zwar ereignisgeschichtlich und chronologisch gerechtfertigt, nicht aber in Bezug auf die Bedeutung des sogenannten Polenfeldzugs, der im Kern bereits alle Muster des späteren nationalsozialistischen Vernichtungskrieges vorwegnimmt. Denn mit dem raschen militärischen Erfolg, der den Mythos vom Blitzkrieg begründet und den Glanz des Führermythos noch heller und um eine militärische Gloriole verstärkt erstrahlen lässt, kommt für die polnische Gesellschaft sehr bald die Wirklichkeit des nationalsozialistischen Krieges: Verhaftungen und Liquidationen, Deportation, Zwangsarbeit und Zwangsumsiedlung, Judenpogrome und Ghettoisierung. Diese Seite des Krieges erzählt erst sehr viel später das Foto des kleinen Jungen, den die SS 1943 aus dem Warschauer Ghetto abtransportiert.

Vorerst triumphiert der Führermythos von Hitler. Nach dem in nur wenigen Wochen erzielten Sieg über den „Erzfeind" Frankreich im Juni 1940 – für die Generation des Ersten Weltkriegs zunächst unvorstellbar – schmückt er sich mit dem Titel des „größten Feldherren aller Zeiten" und erklärt sich mit der Errichtung einer nationalsozialistischen Besatzungsherrschaft über große Teile Frankreichs zum Herren von Europa. Diese neue Macht, die ein nationalsozialistisch dominiertes Europa nicht undenkbar, angesichts der auf völkisch-rassistischer Beherrschung und Ausbeutung gerichteten Politikvorstellungen tatsächlich aber als unrealisierbar erscheinen lassen muss, bringt ein Foto zum Ausdruck, das den eher bewundernden und unsicheren Diktator auf dem Höhepunkt seiner Macht zeigt: Während einer frühmorgendlichen Rundfahrt zu den architektonischen Glanzlichtern von Paris, die Ende Juni 1940 unter Ausschluss der Pariser Öffentlichkeit stattfindet, zeigt sich Hitler tief beeindruckt. In ihm erwacht der Wunsch, Berlin, das seine eigene künftige Welthauptstadt „Germania" werden soll, noch sehr viel größer und prachtvoller auszubauen, als dies in Paris je geschehen ist. Seinen militärisch-politischen Erfolg feiert der „größte Feldherr aller Zeiten" noch einmal mit einer Parade siegreicher Wehrmachtsverbände in Berlin, die als letzter nationalsozialistischer Triumphzug im Sommer 1940 durch das Brandenburger Tor führt und zugleich den Höhepunkt des Führermythos darstellt.

Knapp fünf Jahre später zeigt das letzte öffentliche Foto von Hitler, der sich mittlerweile körperlich verfallen in seine Bunkerwelt neben der Reichskanzlei in Berlin zurückgezogen hat, den Zerfall des Führermythos. Nicht mehr der bejubelte charismatische Führer strei-

Als „größter Feldherr aller Zeiten" besichtigt Hitler am 23. Juni 1940 Paris. Den „Blitzsieg" über Frankreich hat nach dem zähen Ringen im Ersten Weltkrieg niemand für möglich gehalten.

chelt eine Kinderwange, sondern der gebückte Diktator im feldgrauen Uniformmantel verleiht dem letzten Aufgebot von fanatisch ergebenen und zur Loyalität gezwungenen Hitler-Jungen in Volkssturm-Uniform einen Orden für erwiesene Tapferkeit im Kampf um Berlin. Nicht nur der Führermythos als Eckstein der nationalsozialistischen Herrschaft und Konsensdiktatur ist zerfallen, auch Hitler ist mittlerweile isoliert: Seine Unterführer und Gefolgsmänner haben ihr Heil in der Flucht gesucht, und die deutsche Gesellschaft hat sich, nachdem sie die Führerherrschaft über Jahre mitgetragen hat, soweit möglich ins Private zurückgezogen, um zu überleben.

Aber auch dieses Bild vom Untergang des „Dritten Reichs" zeigt nur einen Ausschnitt der nationalsozialistischen Herrschaftswirklichkeit, zu der von Anfang an die ideologisch legitimierte Gewalt gehört: beginnend mit den Konzentrationslagern, die bereits im Frühjahr 1933 zur Ausschaltung der politischen Gegner im eigenen Land errichtet werden, und schließlich etappenweise in die Massenvernichtung im besetzten Europa mündend. Das bereits erwähnte Foto des kleinen Jungen kann erst nach dem Krieg veröffentlicht werden. Als Symbol der Unmenschlichkeit und des rassenideologisch bestimmten Massenmordes an den europäischen Juden dringt es seit den 1960er Jahren in das Bildgedächtnis ein. Es steht zugleich stellvertretend für die späte Einsicht, dass der bei Weitem größte Teil der Opfer der nationalsozialistischen Verfolgungs- und Vernichtungsgewalt während des Krieges Angehörige der europäischen Nachbarn und weniger der deutschen Gesellschaft waren. Das Foto aus dem Warschauer Ghetto begleitet oder leitet den Wahrnehmungswandel auch allmäh-

lich ein, der zunächst den Blick auf die europäische Dimension der nationalsozialistischen Massenverbrechen, dann auf das Schicksal einzelner Opfer und schließlich auf die massenhafte Verstrickung und Mitwirkung von Gruppen der deutschen Gesellschaft in die nationalsozialistische Vernichtungspolitik richtet.

Jeder Wahrnehmungsschritt lässt sich mit Bildern belegen, die den Prozess der Bewusstwerdung symbolisieren: Neben dem Bild aus dem Warschauer Ghetto sind es die Fotos von den Lagertoren, die beispielsweise in Auschwitz für die Anonymität und Massenhaftigkeit des Verbrechens stehen, und schließlich Bilder aus der sogenannten Wehrmachtsausstellung der späten 1990er Jahre, die nicht nur die teilweise Verstrickung der Wehrmacht in den Vernichtungskrieg dokumentieren, sondern auch den langen Weg der gesellschaftlichen Wahrnehmung und Einsicht in den Zusammenhang von nationalsozialistischer Gewalt und deutscher Gesellschaft.

Eines der letzten Fotos Hitlers im April 1945.

Ein Ort des Verbrechens: Blick auf die Zufahrt des befreiten Konzentrationslagers Auschwitz.

Manfred Görtemaker

Der Händedruck von Potsdam –
Symbol der „Machtergreifung"

Als der erst wenige Wochen zuvor zum Reichskanzler ernannte Adolf Hitler sich am 21. März 1933 vor den Stufen der Garnisonkirche zu Potsdam tief und scheinbar unterwürfig vor dem Repräsentanten des alten Preußen, Reichspräsident Paul von Hindenburg, verneigt und ihm die Hand reicht, die der 86-jährige greise Generalfeldmarschall aufrecht und gnädig in seiner kaiserlichen Marschalluniform mit Pickelhaube entgegennimmt, ist in doppelter Hinsicht ein Mythos geboren: Die Einen feiern den Händedruck von Potsdam als Versöhnung des neuen Deutschland mit dem friderizianischen Preußen; andere sehen darin die längst vermutete Verbindung zwischen preußischem Militarismus und nationalsozialistischem Führerstaat bestätigt. Das Bild wird zur Ikone: Es dokumentiert – ebenso eindrucksvoll wie symbolträchtig – die Vereinigung von Nationalsozialismus und Preußentum.

Anders als es das Bild vermuten lässt, ist es jedoch nicht von den Nationalsozialisten inszeniert: Es handelt sich um eine Momentaufnahme des „New York Times"-Fotografen Theo Eisenhart. Sie zeigt die Verabschiedung zwischen Hindenburg und Hitler vor der Kirche nach dem Festakt, nicht die eigentliche Zeremonie, die in der Kirche stattfand. Die Aufnahme dokumentiert also keineswegs das historische Ereignis selbst, sondern nur den eher beiläufigen Augenblick des Abschieds. Der Inhalt, den die Ikone scheinbar authentisch wiedergibt, wird erst nachträglich, durch Bildunterschriften, Bildmontagen und Bildmanipulationen, hinzugefügt. Erst dadurch wird das Foto zum Symbol.

● **Der „Tag von Potsdam"**

Auch wenn der Händedruck nicht geplant ist, so ist der „Tag von Potsdam" dennoch wohl vorbereitet. Joseph Goebbels, der neue Reichsminister für Volksaufklärung und Propaganda, hat ihn dramaturgisch geschickt in Szene gesetzt: Auf den Tag genau 62 Jahre nach der ersten Reichstagssitzung 1871 untermalt die Veranstaltung die Eröffnung des ersten Reichstags nach der nationalsozialistischen Machtübernahme. Das „Dritte Reich" stellt sich auf diese Weise bewusst in die Tradition des zweiten, von Bismarck geschaffenen Reichs, das mit der Ausrufung der Republik im November 1918 untergegangen ist. Als dessen legitimer Erbe präsentieren sich nun die Nationalsozialisten. Potsdam bietet dafür nach dem Reichstagsbrand in Berlin in der Nacht zum 28. Februar 1933 als Traditionsort preußischer Geschichte den passenden Rahmen.

Die Stadt ist an diesem Tag dicht beflaggt. Neben der Hakenkreuzfahne wehen die kaiserlichen Farben Schwarz-Weiß-Rot. An dem Festakt selbst nehmen nur die Reichstagsabgeordneten der rechten und bürgerlichen Parteien teil. In der Garnisonkirche drängen sich aber auch Vertreter von Wirtschaft und Verwaltung sowie Offiziere der Reichswehr und uniformierte SA-Angehörige. Sogar Kronprinz Wilhelm wohnt dem Staatsakt als Gast bei; Hitler hat ihn am Tag zuvor im Schloss Cecilienhof mit der wertlosen Zusicherung anlocken können, in absehbarer Zeit die Hohenzollernmonarchie wiederherstellen zu wollen. Die Sozialdemokraten haben auf eine Teilnahme verzichtet. Die Abgeordneten der Kommunistischen Partei sind, wie Innenminister Wilhelm Frick höhnisch bemerkt, „durch nützliche Arbeiten in den Konzentrationslagern" am Erscheinen gehindert.

Nach ihrer „Machtergreifung" haben die Nationalsozialisten den Bezug zu Preußen bereits am Abend des 30. Januar 1933 zelebriert, als ein Fackelzug der SA unter den Klängen des Fridericus-Marsches in die Berliner Wilhelmstraße marschiert ist, um die Ernennung Hitlers zum Reichskanzler zu feiern. Nun folgt der zweite Akt in der Garnisonkirche, in deren Gruft Friedrich II. und sein Vater ruhen und deren Glockenspiel dazu ermahnt, „immer Treu' und Redlichkeit" zu üben. Goebbels spricht vom „geheiligten Potsdam" als jener Stadt, „in der das unsterbliche Preußentum die Grundlage zu der späteren Größe der deutschen Nation gelegt hat". Hitler beschwört in pathetischen Worten den Geist des alten Preußen „zu Füßen der Bahre seines größten Königs".

Um das Foto des Händedrucks in diesem Sinne nutzen zu können, kommentiert es die nationalsozialistische Propaganda mit Bildunterschriften, welche die abgebildete Szene als Teil des Festakts in der Garnisonkirche erscheinen lassen und damit den symbolischen Wert des Bildes steigern. In einer Fotomontage stehen Hindenburg und Hitler direkt vor dem Altar. Elemente, die aus nationalsozialistischer Sicht die Aussagekraft des Fotos schwächen, werden retuschiert. Insbesondere der Größenunterschied zwischen Hindenburg und Hitler sowie die tiefe Verbeugung Hitlers als Ausdruck der

Ansprache Hitlers in der Garnisonkirche am 21. März 1933.

"Hunderte von Groß-
lautsprecher-Anlagen
und -Wagen standen zur
Verfügung, um Hundert-
tausende festlich
versammelter Volks-
genossen die historische
Stunde miterleben zu
lassen. Millionen an ihren
Rundfunkgeräten waren
durch TELEFUNKEN mit
Potsdam verbunden."

Ehrenspalier für die
Reichstagsabgeordneten
vor der Garnisonkirche.

Unterordnung passen nicht in die Gesamtinszenierung, da sie suggerieren, dass der Reichspräsident immer noch der eigentliche Herr im
Staat sei und von den Nationalsozialisten, nunmehr an der Macht, keine Gefahr ausgehe.

In Wirklichkeit sind die Nationalsozialisten
längst im Begriff, das Deutsche Reich in ihrem
Sinne umzuformen. Hindenburg ist dabei nur
noch Staffage. Die Veranstaltung in der Garnisonkirche findet ein riesiges Echo: Angespro-
chen fühlen sich nicht nur der Reichspräsident
und die bürgerlichen Kabinettsmitglieder, sondern auch die Kirchen, die Reichswehr und die
anderen politischen Kräfte, die außerhalb des
Nationalsozialismus noch handlungsfähig sind.
Durch Heranführung der neuen Machthaber an
die alten Eliten scheint die Gefahr einer unkon-
trollierten Machtausübung der Nationalsozialisten gebannt. Der Preis dafür ist freilich hoch:
Der Schulterschluss zwischen Tradition und
Gegenwart macht die NSDAP hoffähig.

Doch nicht Vorbehalte, Skepsis und Bedenken kennzeichnen die Atmosphäre, sondern
Zustimmung und Erleichterung. Ganz Deutschland wogt vor Begeisterung. Der gleichgeschal-
tete Rundfunk aller deutschen Sender überträgt
den „Tag von Potsdam" in alle Teile des Landes.
Millionenfach wird die Veranstaltung für die
Zeitgenossen und die Nachwelt in Wort und
Bild festgehalten. Presse und filmische Wochenschauen berichten ausführlich; sogar auf
Briefmarken und Münzen ist der Händedruck
verewigt.

Bei der Aufmerksamkeit, die der „Tag von
Potsdam" findet, spielt das Foto des Hände-
drucks allerdings zunächst noch keine Rolle.
Die Berichterstattung konzentriert sich auf
den Staatsakt selbst und verbreitet Bilder der
Gesamtinszenierung und der Menschenmas-

sen, die dem Ereignis beiwohnen. Dabei verfolgen die Nationalsozialisten ein nüchternes
Ziel: Da sie planen, dem Reichstag zwei Tage
später das „Gesetz zur Behebung der Not von
Volk und Reich" – das Ermächtigungsgesetz –
vorzulegen, zu dessen Verabschiedung eine
Zweidrittelmehrheit notwendig ist, bedürfen
sie der Unterstützung durch die Abgeordneten
der liberalen Parteien, des Zentrums und der
Deutschnationalen Volkspartei. Die Veranstaltung in Potsdam soll die bürgerlichen Parteien
von der Harmlosigkeit und Vaterlandsliebe
Hitlers überzeugen, um sie beim Votum über
das Ermächtigungsgesetz im Reichstag am
23. März 1933 dazu zu bewegen, ihrer eigenen

politischen Entmündigung zuzustimmen. Tatsächlich verweisen Reden vor der Abstimmung immer wieder auf den „Tag von Potsdam".

Am Ende widersetzen sich nur die Sozialdemokraten der mit der Verfassungsänderung einhergehenden Selbstentmachtung des Parlaments, für die Potsdam die Kulisse gebildet und atmosphärisch den Boden bereitet hat. Dabei zählt auch Preußen zu den Opfern: Die Nationalsozialisten vollenden institutionell und personell den Prozess der „Entstaatlichung" Preußens, der bereits 1932 mit dem „Preußenschlag" des Reichskanzlers Franz von Papen begonnen hat.

● Vorbild Preußen

Die systematische Ausschaltung Preußens aus der Reichspolitik durch Rechtskonservative und Nationalsozialisten ab 1932 steht in krassem Gegensatz zu den Bemühungen, preußische Traditionen zur Legitimation der neuen politischen Bewegung zu vereinnahmen. Goebbels, seit 1926 Gauleiter von Berlin und seit 1929 Reichspropagandaleiter der NSDAP, verkündet bereits vor 1933 immer wieder, der Nationalsozialismus sei Preußentum, und Preußentum sei Nationalsozialismus. Zu den preußischen Landtagswahlen 1932 bezeichnet er Preußen ausdrücklich als „das Kernland des Reiches", von dem „die Wiedergeburt der deutschen Nation ausgehen" solle. Zwischen Nationalsozialismus und Preußentum bestehe eine Geistesverwandtschaft, ja Identität.

Auch Göring beschwört die „ewige Ethik des Preußentums", nennt Hitler einen „echten Preußen" und Friedrich den Großen „den ersten Nationalsozialisten auf dem preußischen Königsthron". Nun müsse Preußen vorangehen, fordert Göring 1933, die letzten Reste

Die NSDAP nutzt das Symbol des Händedrucks bereits auf einem Plakat für die Reichstagswahlen am 5. März 1933.

demokratischer Staatsgestaltung im Reich, in den Ländern und Kommunen zu beseitigen, um das Prinzip einer klaren und starken Führung im Sinne des Nationalsozialismus durchzusetzen. Hier liege die „deutsche Mission", die Preußen im Dienst des Reichs noch zu erfüllen habe. Hitler selbst bekennt sich immer wieder, noch bis in das Inferno des Untergangs 1945, zum Vorbild Friedrichs des Großen als Beweis für Entschlusskraft und Willensstärke, über einen materiell überlegenen Gegner zu triumphieren. In seinem Arbeitszimmer im „Führerbunker" unter der Reichskanzlei in Berlin hängt bis zum Schluss das von Anton Graff gemalte Porträt Friedrichs, das an die Standhaftigkeit des Preußenkönigs erinnern soll, durch die dieser im Siebenjährigen Krieg – 1756 bis 1763 – in scheinbar ausweisloser Situation noch den Sieg davongetragen hat.

Die Medaille aus dem Jahr 1933 greift das Motiv des Händedrucks auf, ohne den deutlichen Größenunterschied zwischen Hitler und Hindenburg kenntlich zu machen.

Der Nationalsozialismus darf mit Fug und Recht von sich behaupten, daß er Preußentum sei. Wo immer wir Nationalsozialisten auch stehen, in ganz Deutschland sind wir die Preußen. Die Idee, die wir tragen, ist preußisch. Die Wahrzeichen, für die wir fechten, sind von Preußengeist erfüllt, und die Ziele, die wir zu erreichen trachten, sind in verjüngter Form die Ideale, denen Friedrich Wilhelm I., der große Friedrich und Bismarck nachstrebten.

Quelle: Joseph Goebbels, Wahlkampfansprache zu den preußischen Landtagswahlen vom April 1932, in: Otto Büsch (Hg.), Das Preußenbild in der Geschichte. Protokoll eines Symposions, Berlin/New York 1981

Preußische Ahnengalerie: Die Postkarte aus dem Jahr 1933 zeigt Adolf Hitler in einer Traditionslinie mit Friedrich dem Großen, Otto von Bismarck und Paul von Hindenburg.

Da Friedrich für die aktuelle Propaganda nur schwer ins Bild zu setzen ist, erfüllt Hindenburg die Aufgabe, die Brücke zur ruhmreichen Vergangenheit zu schlagen. Der „Sieger von Tannenberg" ist in Deutschland seit seinem militärischen Erfolg gegen die russischen Armeen in Ostpreußen 1914 längst selbst zum Mythos geworden. In der Weimarer Republik wird er als Reichspräsident, der „über den Parteien" steht, zum Symbol der Einheit aller Deutschen – zum „Ersatzkaiser". Auch in der Garnisonkirche ermahnt er die Teilnehmer der Veranstaltung, „Eigensucht und Parteiengezänk" im Sinne „nationaler Selbstbesinnung und seelischer Erneuerung" zu überwinden. Hitler dankt ihm für die „Zustimmung zum Werk der deutschen

Erhebung", das seiner Auffassung nach mit dem 30. Januar 1933 begonnen hat. Das gemeinsame öffentliche Auftreten und mehr noch der Händedruck signalisieren das Einverständnis Hindenburgs mit Hitler. Der Mythos des Feldherrn Hindenburg, seine militärische Kompetenz und sein Charisma als „Befreier Ostpreußens" und „Retter Deutschlands", gehen damit auf den neuen „Führer" Hitler über. Auch nach Hindenburgs Tod im August 1934 halten die Nationalsozialisten an dieser Legitimation durch den Generalfeldmarschall fest. Sie pflegen sein Andenken und nutzen es für ihre Zwecke. Der „Tag von Potsdam" hat ihnen dafür den Weg geebnet.

● Untergang eines Staates

Hindenburg ist sich seiner Rolle eines „nützlichen Idioten" für die Nationalsozialisten bis zuletzt nicht bewusst. Noch in seinem politischen Testament schreibt er: „Mein Kanzler Adolf Hitler und seine Bewegung haben zu dem großen Ziele, das deutsche Volk über alle Standes- und Klassenunterschiede zu innerer Einheit zusammenzuführen, einen entscheidenden Schritt

Auf der dicht besetzten Ehrentribüne neben der Garnisonkirche nach dem Staatsakt. Man erkennt, von links: Freiherrn v. Neurath, Dr. Hugenberg, den päpstlichen Nuntius Monsignore Orsenigo, Dr. Frick, v. Papen, Adolf Hitler, Göring, Staatssekretär Meißner   *Phot. Scherl*

„Die Woche" erinnert am 7. August 1934 in einer Gedenkausgabe zum Tod Hindenburgs an den „Tag von Potsdam". Das Foto zeigt unter anderem Hitler (Mitte), Vizekanzler Franz von Papen und Reichsminister Hermann Göring auf der Ehrentribüne.

von historischer Tragweite getan." Aber nicht nur Hindenburg, sondern Preußen insgesamt mangelt es an der einst von Friedrich dem Großen bewiesenen Standhaftigkeit, als es darum geht, sich der nationalsozialistischen Vereinnahmung zu widersetzen. So wird praktisch der gesamte preußische Staatsapparat fast kampflos an die Nationalsozialisten übergeben. Ein preußisches „Willenszentrum", das sich dagegen hätte auflehnen können, gibt es ebenso wenig wie eine geschlossene soziale Schicht mit einheitlichen politischen Zielvorstellungen.

Nachdem die Nationalsozialisten die staatliche Eigenständigkeit Preußens beseitigt haben, ermorden sie – im Anschluss an das fehlgeschlagene Attentat auf Hitler am 20. Juli 1944 – einen großen Teil seiner politischen und militärischen Elite. Mit der Eroberung des Deutschen Reichs durch die Alliierten folgt schließlich die weitgehende Vernichtung seiner physischen und materiellen Grundlagen. Vor allem in den östlichen Provinzen sterben Hunderttausende, vielleicht Millionen Menschen, die Schlösser und Herrensitze werden von der Roten Armee geplündert oder dem Erdboden gleichgemacht. Auch das symbolträchtige Potsdam, das bereits im Juni 1940 erstmals bombardiert worden ist, erleidet beim letzten Angriff der britischen Luftwaffe in der Nacht vom 14. auf den 15. April 1945 schwere Verwüstungen. Große Teile der Innenstadt werden zerstört, das Stadtschloss und die Garnisonkirche schwer beschädigt. Vielen anderen Städten ergeht es noch schlechter. Zahllose Stätten der preußischen Geschichte werden ausgelöscht.

Die Welt des alten Preußen ist unwiederbringlich verloren.

Dennoch meint der Alliierte Kontrollrat nach dem Zweiten Weltkrieg, dieses Ende noch einmal formell besiegeln zu müssen. Am 25. Februar 1947 erlässt er das Gesetz Nr. 46, in dem es in Anlehnung an ein britisches Memorandum vom 27. November 1944 heißt: „Der Staat Preußen, der seit jeher Träger des Militarismus und der Reaktion in Deutschland gewesen ist, hat [...] zu bestehen aufgehört [...]. Der Staat Preußen, seine Zentralregierung und alle nachgeordneten Behörden werden hiermit aufgelöst." Den Vier Mächten, die nach der bedingungslosen Kapitulation der deutschen Streitkräfte im Mai 1945 die oberste Gewalt in Deutschland übernommen haben, geht es damit allerdings weniger um die Auflösung eines Staates als um die Beseitigung eines Mythos. Denn Preußen als Staat existiert schon längst nicht mehr. Das Gesetz Nr. 46 ist deshalb nur ein formaler Akt: ebenso spektakulär wie rechtlich überflüssig, aber ein Zeichen und eine Warnung für künftige Generationen.

● Aufstieg eines Bildes

Der Aufstieg des Bildes, das den Beginn dieser Entwicklung zeigt und längst zur Ikone geworden ist, vollzieht sich jedoch nur langsam. Zwar gibt es schon früh Bildmontagen und Gemälde, in denen sich Hitler und Hindenburg vor unterschiedlicher Kulisse die Hand reichen – mit dem Turm der Garnisonkirche als Hintergrund, im Innenraum der Kirche mit Hindenburg ohne Pickelhaube. Aber von einer systematischen Verwendung des Fotos für propagandistische Zwecke durch die Nationalsozialisten kann keine Rede sein.

Seine eigentliche Wirkung entfaltet das Bild erst nach dem Zweiten Weltkrieg. Vor allem

Schulbücher bedienen sich nun des Fotos, um Inhalte bildlich zu unterstreichen, die der Text nur schwer zu transportieren vermag: die „Machtergreifung" Hitlers mit Billigung und Unterstützung der alten Eliten, die vermeintliche „Täuschung" des ehrwürdigen alten Hindenburg durch den nur scheinbar unterwürfigen Hitler oder – in der DDR – das „Bündnis der Reaktionäre", vertreten durch die führenden Protagonisten von Faschismus und Militarismus. Besonders verbreitet ist die Interpretation, bei der Hitler als „Wolf im Schafspelz" erscheint, dessen böse Absichten der treuherzige Reichspräsident allzu lange nicht durchschaut. Ab 1970 gehört die Aufnahme des Händedrucks zum festen Bestand der Bildausstattung vieler Unterrichtswerke der Mittel- und Oberstufe in der Bundesrepublik Deutschland. Die DDR folgt diesem Beispiel ab 1984.

Außerhalb der Unterrichtswerke findet sich das Foto im „Bilderatlas zur Deutschen Geschichte" aus dem Jahr 1968 und auch im Katalog der Ausstellung „Fragen an die deutsche Geschichte. Ideen, Kräfte und Entscheidungen von 1800 bis zur Gegenwart", die die Bundesregierung 1971 im Reichstagsgebäude in West-Berlin eröffnet. Populärwissenschaftliche Literatur sowie Nachschlagewerke und Bildeditionen verwenden das Foto ab 1960 häufiger. Die Bildunterschriften beziehen sich fast immer auf die beiden Hauptakteure. Der „Tag von Potsdam" wird damit auf eine symbolische Geste verdichtet, das Gesamtgeschehen anschaulich personalisiert.

Manche Bilder werden dem „Tag von Potsdam" zugeordnet, sind indes bei ganz anderen Gelegenheiten entstanden, so beim Volkstrauertag 1933 und – erstmals als „Heldengedenktag" begangen – 1934. Sie zeigen Hindenburg stets

in der Pose des Generalfeldmarschalls mit Pickelhaube, der dem sich verneigenden Hitler die Hand reicht. Diese Bilder verdeutlichen, dass der „Tag von Potsdam" kein singuläres Ereignis geblieben ist, sondern dass Hitler auch weiterhin auf die Unterstützung Hindenburgs baut, der seinerseits bis zu seinem Tod 1934 dem neuen „Führer" die Treue hält.

„Alles schon dagewesen": Der DDR-Karikaturist Leo Haas überträgt 1958 das Motiv des Händedrucks auf Bundeskanzler Konrad Adenauer und Bundespräsident Theodor Heuss. In der Bildmitte steht General Hans Speidel, ehemals militärischer Berater Adenauers, seit 1957 Oberbefehlshaber der NATO-Landstreitkräfte in Mitteleuropa. Die Zeichnung unterstellt der Bundesrepublik das Fortbestehen nationalsozialistischer Traditionen.

Habbo Knoch

Der Junge aus dem Warschauer Ghetto – Ikone des Entsetzens

Von den Tätern fotografiert, um die eigene Macht zu demonstrieren, aber gleichzeitig die Brutalität und Willkür ihrer Vernichtungsgewalt zu verschleiern, eignet sich das Bild des Jungen aus dem Warschauer Ghetto nicht als Objekt der Verehrung. Dennoch erinnert die Rezeption dieser Fotografie an jene von Ikonen. Wie lässt sich dies erklären? Die Antwort scheint auf der Hand zu liegen: Ein Kindergesicht spiegelt den Schrecken eines bedrohlichen Moments wider, der die Empfindsamkeit des Betrachters anspricht. Das Bild ist ein visuelles Zeugnis besonderer Intensität, zu dessen weiter Verbreitung die Aussagekraft einzelner Bildausschnitte sowie die Übernahme des Sujets in Memorialobjekte und Kunst beigetragen hat. Längst hat sich der Junge unabhängig von der gesamten Fotografie zu einer autonomen Erinnerungsfigur entwickelt, mit der sich viele Deutungen verbinden lassen.

Hauptkriegsverbrecher-prozess 1945/46: Als Dokument 1061-PS, US-275 führt der Internationale Militär-gerichtshof Nürnberg den „Stroop-Bericht" auf, hier ein Nachdruck aus dem Jahr 1960. Robert H. Jackson wird zum Chef der US-amerikanischen Anklagebehörde bestellt.

Der israelische Maler und Holocaust-Überlebende Samuel Bak hat die Fotografie sogar als „Grundstein unserer Zivilisation" bezeichnet und mit Leonardo da Vincis „Mona Lisa" oder der Musik von Johann Sebastian Bach und Ludwig van Beethoven auf eine Stufe gestellt. Wie für viele Fotografien des Holocaust ist dabei die Umkehrung der ursprünglichen Bedeutung bemerkenswert. Die Aufnahme gehört in ihrem eigentlichen Verwendungskontext zu den etwa fünfzig Abbildungen im „Stroop-Bericht" vom Mai 1943. Der SS- und Polizeiführer im Distrikt Warschau, SS-Brigadeführer und Generalmajor der Polizei Jürgen Stroop, dokumentiert damit für sich und seine Vorgesetzten die unter seinem Befehl vollzogene brutale Niederschlagung des jüdischen Aufstands im Warschauer Ghetto. Stroops in Leder gebundenes Exemplar bringt die amerikanische Seite 1945 als Beweismaterial in den Nürnberger Prozess ein, der Bericht gelangt aber zunächst nur vereinzelt in die Öffentlichkeit und wird in Gänze erstmals 1960 in der Bundesrepublik Deutschland publiziert.

● **Der Aufstand im Warschauer Ghetto**

Im Oktober 1940 errichten die Nationalsozialisten im besetzten Warschau unter der Bezeichnung „jüdischer Wohnbezirk" ein Ghetto, das einen Monat später von einer achtzehn Kilometer langen und drei Meter hohen Mauer eingeschlossen ist. Zeitweilig leben hier bis zu 430.000 Juden, doppelt so viele wie vor dem Krieg. Infolge von Hunger, Seuchen und Mordaktionen sterben Zehntausende der Ghettobewohner bereits vor Beginn der Deportationen in die Vernichtungslager im Juli 1942. Die katastrophalen Zustände sind durch zahl-

Der Junge aus dem Warschauer Ghetto –
Ikone des Entsetzens

reiche Privataufnahmen von Wehrmachtssoldaten, aber auch durch Fotografien und Filme von Angehörigen der deutschen Propagandakompanien überliefert. Besonders Kinder, die auf den Straßen verhungern oder um Essen betteln, sind ein immer wiederkehrendes Motiv. Nach den Deportationen von mehr als 300.000 Juden im Sommer und Herbst 1942 leben in dem räumlich verkleinerten „Restghetto" offiziell noch 40.000 Menschen. Schätzungen zufolge halten sich weitere 30.000 Juden inoffiziell im Ghettobereich auf.

Seit Ende Oktober 1942 bildet die jüdische Bevölkerung bewaffnete Einheiten, um sich weiteren Deportationen mit Gewalt zu widersetzen. Sie stellen sich den Deutschen erstmals im Januar 1943 entgegen, als eine zweite brutale Deportationswelle mit den Verlagerungen von Produktionsbetrieben einsetzt. In Erwartung der endgültigen Räumung bauen viele Ghettobewohner zumeist nachts und unter Leitung einer geheimen Untergrundorganisation ein System aus Verstecken, Bunkern und Kanälen. Von hier aus setzen sie sich gegen fast 900 bewaffnete SS-Männer, Polizisten und Soldaten zur Wehr, die am 19. April 1943 in das Ghetto eindringen, um den Widerstand zu brechen und das Ghetto zu räumen. Drei Tage haben die deutschen Einheiten für die „Großaktion" angesetzt, 28 sollen es werden, erst am 16. Mai bringen sie das Gebiet wieder in ihre Gewalt. Gefechte und Räumungen dauern noch bis September. Die systematische Zerstörung des Warschauer Ghettos ist Bestandteil der brutalen Maßnahmen. Gleich zu Beginn des ungleichen Kampfes setzt Stroop Geschütze und kalkulierte Brandsetzungen ein. Tausende Ghettobewohner sterben bei den Kämpfen und der Räumung, nur wenige können fliehen. Die

Überlebenden werden zum größten Teil in die Arbeitslager Poniatowa und Trawniki sowie in die Vernichtungslager Majdanek und Treblinka deportiert und dort ermordet.

● Der „Stroop-Bericht"

Vermutlich hat ein Angehöriger der Sicherheitspolizei in Warschau die Aufnahmen gemacht. Stroop arrangiert sie zu einem Rechenschaftsbericht, der militärische Effizienz und rassische Legitimation des Vorgehens dokumentieren soll. Seine Leistungsschau deutet Gewalt gegen Zivilisten zu ordentlichem militärischen Handwerk um. Er nutzt eine etablierte Praxis: Bebilderte Dokumentationsalben interner, semioffizieller oder privater Art sind ein übliches Instrument im nationalsozialistischen Wettkampf um Ansehen, Legitimation und symbolische wie materielle Belohnungen. In der Nachkriegszeit hingegen sagt Stroop aus, sein Vorgesetzter, der Höhere SS- und Polizeiführer

Eingepfercht:
Über eine Brücke gelangen zahlreiche Juden im Juni 1942 in den anderen Teil des überfüllten Ghettos.

Ost Friedrich Wilhelm Krüger, habe am 2. Mai – zwei Wochen nach dem Sturm auf das Ghetto – bei einer Inspektionsreise angeordnet, „jede Einzelheit zu fotografieren", um später zeigen zu können, „welch schwere, blutige Opfer die nordische Rasse und die Germanen für die Entjudaisierung Europas und der ganzen Welt bringen mussten".

Auf die Brutalität der Nationalsozialisten nehmen die Bildunterschriften im „Stroop-Bericht" nur euphemistisch Bezug. „Mit Gewalt aus Bunkern hervorgeholt", so der Text zur Fotografie des Jungen. Die Bunker stehen für Angriffe aus dem Hinterhalt auf die Deutschen. Damit rückt der „Stroop-Bericht" den Aufstand in Legitimationsmuster der nationalsozialistischen „Partisanenbekämpfung": Die Widerständigen gelten als Verursacher der Gewalt, gegen sie ist jedes Mittel recht. Ideologie, verletzter Stolz und Angstabwehr lassen

nicht zu, Juden als Kämpfer zu zeigen. Dabei ist Stroop, wie er nach dem Krieg bekennt, von den um ihr Leben kämpfenden Juden beeindruckt, widersprechen sie doch allen Klischees. Die Abbildungen des Berichts hingegen zeigen sie zwischen brennenden und zerstörten Häusern ausschließlich als Überwältigte, Aufgespürte und Abgeführte, meist, wie der Junge, mit erhobenen Händen.

Die Gewalt und Willkür der Durchsuchungen und Erschießungen sind nicht fotografisch dokumentiert. Unter dem markigen Titel „Es gibt keinen jüdischen Wohnbezirk in Warschau mehr!" präsentiert sich Stroop in seinem Bericht als Einsatzführer einer planmäßig und erfolgreich durchgeführten militärischen Aktion auf feindlichem Terrain. Die lange Dauer und die hohen Verluste deutet er in eine Erfolgsgeschichte um. Im Bild des Jungen mit seinen erhobenen Händen zeigt sich diese von Über-

Der „Stroop-Bericht" bildet nicht nur ab, er kommentiert zusätzlich. „Mit Gewalt aus Bunkern hervorgeholt", lautet die Bildunterschrift zu dem Foto des Jungen.

legenheitsgefühlen bestimmte Selbstsicht. Sie ist hochgradig rassistisch konnotiert und von einem Gestus elitärer Unbesiegbarkeit der SS geprägt. Das Bild soll eine als natürlich verstandene Hierarchie optisch manifestieren.

Bereits Stroop nutzt die Fotografie des Jungen somit emblematisch und nicht dokumentarisch. Die Ablösung vom historischen Moment und dem konkreten Ort setzt spätestens mit dem Arrangement für das Album ein. Denn anders als die ebenfalls dort enthaltenen Tagesberichte bleiben die Fotografien pauschal und illustrativ: Der Bildteil dokumentiert Handlungsweisen idealtypisch. Er abstrahiert bewusst vom eigentlichen Geschehensverlauf, um die Vorgesetzten zu beeindrucken. Dabei folgt er einer eigenen Dramaturgie. Die Aufnahmen zu Beginn zeigen Szenen aus dem unzerstörten Ghetto sowie erste, scheinbar „diszipliniert" ablaufende Räumungen von Betrieben. Es folgen Fotografien, die von der erfolgreichen Bekämpfung des Widerstands zeugen: Verhaftungen, abgeführte Menschen, geräumte Bunker, Tote. Der Bildteil endet mit der völligen Zerstörung des Ghettos. Diese vermeintlich chronologische Ordnung entspricht nicht dem realen Ablauf der Ereignisse.

● Identifizierungsversuche

Seit Anfang der 1980er Jahre bestehen Zweifel, ob die Fotografie des Jungen mit den erhobenen Händen tatsächlich während des Aufstands entstanden ist. Der Holocaust-Überlebende Tsvi Nussbaum will sich in dem Jungen wiedererkannt haben. Er lebte jedoch nicht im Ghetto. Nach der Ermordung seiner Eltern hielt er sich mit seiner Tante und seinem Onkel sechs Monate lang außerhalb des Ghettos versteckt. Nussbaum erinnert sich an den Moment der Aufnahme des Bildes im

Täter und Opfer:
In dem Bericht ist auch Jürgen Stroop selbst zu sehen, als „Führer der Großaktion" präsentiert er sich auf dem unteren Foto (zweiter von links), am rechten Bildrand ist Josef Blösche zu erkennen. Das Foto der abgeführten Ghettobewohner trägt wiederum die Bildunterschrift „Mit Gewalt aus Bunkern hervorgeholt".

Zusammenhang mit einem Ereignis, das erst zwei Monate nach dem Entstehungszeitpunkt des „Stroop-Berichts" stattfand: Am 13. Juli 1943 wurde eine Gruppe von Juden aus dem Warschauer Hotel Polski – außerhalb des Ghettos gelegen – in das Konzentrationslager Bergen-Belsen abtransportiert.

Nussbaum wird nicht als Einziger mit dem Jungen in Verbindung gebracht. Doch seine Geschichte hat die meiste Aufmerksamkeit erhalten, weil er sie selbst erzählen kann und die Medien – zunächst in den USA, dann in Europa – wiederholt darüber berichtet haben. Allerdings gibt es erhebliche Bedenken hinsichtlich Nussbaums Identität mit dem Jungen: Warum tragen einige der Erwachsenen auf der Fotografie Armbinden, wenn sie sich illegal außerhalb des Ghettos aufgehalten haben?

Entspricht die Kleidung nicht eher Frühjahrs-temperaturen? Hätten die SS-Männer bei einer Razzia außerhalb des Ghettos Kampfuniformen getragen? Neben den detaillierten Einwänden erfolgt auch grundsätzliche Kritik: Lucjan Dobroszycki, ein Spezialist für die Geschichte osteuropäischer Juden, schreibt in einem Leser-brief, das Bild sei „zu heilig, um Leute damit machen zu lassen, was sie wollen". Nussbaum selbst ist die Diskussion unangenehm: „Ich wäre glücklicher, wenn es das Foto nicht geben würde. Und ich wünschte, ich wäre nicht der Junge auf dem Bild."

Vier weitere der abgebildeten Personen sind bislang von Verwandten identifiziert worden: Hanka Lamet und ihre Mutter Matylda Lamet Goldfinger – das kleine Mädchen ganz links und die Frau rechts von ihm –, Leo Kartuczinsky –

Matylda Lamet Goldfinger

Hanka Lamet

Leo Kartuczinsky

Golda Stavarowski

Josef Blösche

Der Junge aus dem Warschauer Ghetto –
Ikone des Entsetzens

der Junge mit dem weißen Sack – und Golda Stavarowski – die Frau im rechten Bildhintergrund. Auch bei der Identität des SS-Mannes, der mit angehobenem Gewehr hinter dem Jungen steht, gibt es keine Zweifel: Es handelt sich um den SS-Rottenführer Josef Blösche, der dem Sicherheitsdienst des Reichsführers SS (SD) angehörte. Seit Oktober 1941 in der SD-Außenstelle im Warschauer Ghetto eingesetzt, war er wegen seiner Brutalität als „Henker vom Ghetto" berüchtigt. Er war bei den Deportationen an Hinrichtungen beteiligt, veranstaltete eigenmächtig Menschenjagden und erschoss wahllos zahlreiche Juden. Die DDR-Justiz wird erst in den 1960er Jahren im Zuge mehrjähriger Ermittlungen des Hamburger Landgerichts auf Blösche, der seit 1947 unbehelligt in Thüringen lebt, aufmerksam. 1969 verurteilt ihn das Bezirksgericht Erfurt zum Tode, kurz darauf wird er in Leipzig hingerichtet.

● Erinnerungskultur in der Bundesrepublik

Zeitgleich zu den Ermittlungen gegen Blösche findet das Bild des Jungen seinen Weg in die westdeutsche Öffentlichkeit. Vermutlich ist dieses Zusammentreffen kein Zufall, denn die Ermittlungsbehörden nutzen in jener Zeit historisches Bildmaterial, um Täter zu identifizieren. Seit 1958 verwenden einzelne Schulbücher die Aufnahme in Neuauflagen. Pädagogen favorisieren in diesen Jahren das „exemplarische Lernen", fordern das „typische Bild" und suchen nach „erlebten Szenen", um „Bilddokumente für sich sprechen" und das „menschliche Leid [...] zum erschütternden Erlebnis werden zu lassen". So fallen die noch wenigen veröffentlichten Bilder vom Holocaust und das Prinzip einer Aufklärung durch ikonografische Eindringlichkeit zeitlich um 1960 zusammen – mit nachhaltigen Folgen für die Bildauswahl und Kanonisierung besonders sprechender Motive. Antisemitisch motivierter Vandalismus, jugendliches Unwissen über den Nationalsozialismus und eine neue Welle von NS-Prozessen veranlassen Tageszeitungen, Zeitschriften und Illustrierte, aber auch Buchautoren und Filmemacher, erstmals seit der unmittelbaren Nachkriegszeit wieder gezielt Bildmaterial zu den nationalsozialistischen Verbrechen einzusetzen. In der Regel verfahren sie dabei quellenunkritisch und zielen in erster Linie auf emotionale Wirkung. Wie im Fall von Anne Frank bieten sich dafür Kinder und Jugendliche besonders an.

„The Jewish Holocaust for Beginners": Stewart Justmans Buch aus dem Jahr 1995 zeigt auf dem Titelblatt eine verfremdete Version des Fotos.

Bei der Kanonisierung des Bildes in den 1960er Jahren wirken Eindringlichkeit und Verfügbarkeit, aber auch erinnerungspolitisch motivierte Auswahlkriterien zusammen. Insbesondere Gerhard Schoenberners Fotodokumentation „Der gelbe Stern" von 1960 wird zur Quelle für den schnellen Griff von Redakteuren, die sich eher von Bildwirkungen statt von historischer Präzision leiten lassen. Gerade bei der Fotografie des Jungen sind Formatänderungen, die Verwendung von Bildausschnitten und vage, bisweilen verfälschende Kommentare üblich. Korrekte Bezüge zu Zeit, Ort oder Personen gibt es selten. So sprechen manche Verfasser von „Konzentrationslagern", in die man diejenigen Juden des Warschauer Ghettos gebracht habe, die nicht kämpfen wollten, oder verlegen das Bild in die Zeit des Warschauer Aufstands gegen die deutschen Besatzer im Jahr 1944. Nicht ungewöhnlich sind völlige Verallgemeinerungen wie „die Opfer".

Stroops Vorarbeit, das Bild von seinem konkreten Zusammenhang abzulösen, findet hier auf paradoxe Weise ihre Fortsetzung. Doch erst im Lauf der folgenden Jahrzehnte entwickelt es sich zu einem optischen Zentrum der Erinnerungskultur, das der Historiker Christoph Hamann als „Schlüsselbild" bezeichnet. In Zeitungsillustrationen konkurriert es bei Berichten zum Ghetto mit einer anderen Abbildung aus dem „Stroop-Bericht", die mit den Abgeführten noch am ehesten „Kampf" und „Widerstand" assoziieren lässt. Ohnehin ist die Kanonisierung des Bildes nur im Verbund mit Korrespondenzen und Ausblendungen zu verstehen: mit der Verwendung anderer Fotografien mit ähnlichen Sujets, Blicken und Körperhaltungen passiver Opfer, von Frauen und Kindern in wehrloser Haltung einerseits, nicht gezeigten Bildern der Täter andererseits, deren Erschießungen und körperliche Gewalt im Bilderhaushalt der Bundesrepublik weithin unsichtbar sind.

● Grenzen einer Ikone

Was an der Fotografie Aufmerksamkeit erregt und zu eigenen Deutungen veranlasst, bündelt die Identifikation und Empathie der Betrachter in dem mutmaßlichen Schicksal eines unbekannten Jungen. Die Fotografie selbst arbeitet dem zu: Der Junge steht im idealen Verhältnis des klassischen „Goldenen Schnitts" der Kompositionslehre, die erhobenen Hände erinnern an die Kreuzigungshaltung und zitieren ein überzeitliches ikonisches Zeichen, die Konfrontation mit der Macht ist durch die Anordnung von Kind und SS-Mann, sein Gewehr und die leicht erhöhte Aufnahmeposition des Fotogra-

Die Collage aus Albert Einstein und dem Jungen im Warschauer Ghetto wirbt für eine Ausstellung in West-Berlin.

die Vergangenheit mahnt

Ausstellung Kongreßhalle

8. April – 3. Mai 1960 täglich 9ʰ – 19ʰ

Der Junge aus dem Warschauer Ghetto – Ikone des Entsetzens

fen visuell verdichtet. Immer wieder unterstreichen dies Bearbeitungen, die den Jungen von der Umgebung optisch abheben oder ganz aus dem Bildrahmen herausschneiden.

Eine dem Bild innewohnende Spannung von Statik und Dynamik, von Herrschaft und Angst trägt zu seiner besonderen Wirkung bei: Der gelassene Blick des SS-Mannes gegen die erschrockenen Gesichter der Verhafteten, die Männer in Kampfstiefeln gegen den aus der Gruppe herausgerückten Körper des schmächtigen Jungen – ein Sekundenbild, ein Schnappschuss, ein zufälliger Moment, in dem sich die Macht ungeschützt in ihrem Glauben darbietet, moralischen Regeln nicht folgen zu müssen.

Hat die immense Bindung emotionaler Energien an das Bild des Jungen als Alibi einer ambivalenten Erinnerungskultur gedient, um andere Aufnahmen, die weitaus konkreter waren und sich genau Orten und Personen zuordnen ließen, aber auch detaillierte Informationen zur Vernichtungspolitik lieferten, nicht zuzulassen? Antworten auf diese und die eingangs gestellte Frage, warum die Fotografie weltweite Verbreitung gefunden hat, sind nicht allgemein, sondern in den jeweiligen Erinnerungskulturen zu suchen. Die Fokussierung auf den Jungen hat den Bildraum minimiert und die Empathieerwartungen an den Betrachter maximiert. Dagegen ist über das Gesicht des Jungen hinaus zu schauen. Erst wenn der zeitgenössische Handlungs- und Verwendungskontext analysiert ist, offenbaren sich Regeln, nach denen Mörder wie Blösche oder Stroop gehandelt haben. Dazu gehört die schamlose bildliche Dokumentation als der Tat immanente Rechtfertigung des eigenen Tuns.

Diese Wahrnehmung der Fotografie des Jungen aus dem Warschauer Ghetto haben

Der Holocaust-Über-lebende Samuel Bak nutzt vielfach das Motiv des Jungen, auch in seinem Gemälde „Exposure" aus den 1990er Jahren.

zumindest in der Bundesrepublik lange die medialen und öffentlichen Bemühungen verdeckt, aus Selbstzeugnissen der Täter handhabbare Dokumente zu machen, die der Kunsthistoriker Georges Didi-Huberman als „Ikonen des Entsetzens" bezeichnet. Auch Einfühlungsvermögen und Identifikation können Verdrängung und Verstellung bedeuten, wenn sie vom Blick auf den Kontext der Fotografie ablenken. Erst von diesem Standpunkt aus lassen sich Strukturen erkennen, welche die Täter in ihrem Handeln – und ihrem Fotografieren – willig genutzt und aktiv gestaltet haben. Nur wenn das, was zur „Ikone" mutiert ist, wieder als Fotografie betrachtet wird, zeigt sich, wie sich die Täter mit Trophäen dieser Art selbst ehrten. Denn nur bei genauem Hinsehen tritt die Fotografie des Jungen als Schwelle hervor – zwischen dem, was die Täter von ihrer Tat sichtbar werden ließen, und den Grenzen, die Vernichtung in Bilder zu fassen.

Jörn Glasenapp

Die Sowjetflagge
auf dem Reichstag –
Ikone des Sieges

ie Hissung der sowjetischen Flagge auf dem Reichstag, die der Fotograf Jewgeni Chaldej Anfang Mai 1945 festhält, zählt bis heute zu den bekanntesten Aufnahmen, die jemals auf deutschem Boden entstanden sind. Sie ist eine der wichtigsten Fotoikonen eines militärischen Sieges. Gleiches gilt für das Bild der US-Marines, die das Sternenbanner auf Iwo Jima aufrichten, das Joe Rosenthal am 23. Februar 1945 aufnimmt. Auch wenn die verlustreiche Schlacht um die japanische Pazifikinsel nicht das Ende der US-amerikanischen Kampfhandlungen im Zweiten Weltkrieg bedeutet, entwickelt sich

dieses Foto zur zentralen Siegesikone der Vereinigten Staaten. So bilden letztlich beide Ikonen im kollektiven Gedächtnis das Symbol für das siegreiche Ende des Zweiten Weltkriegs.

Wie der Historiker Gerhard Paul anmerkt, wird auf nicht wenigen Siegesikonen „das Banner des Sieges von den Siegern in einem gemeinsamen Kraftakt in das ‚Fleisch' des unterlegenen Landes gerammt". Paul spricht hierbei von einem „symbolischen Todesstoß", der – um weithin sichtbar zu sein – zumeist auf einer Anhöhe oder einem öffentlichen Gebäude erfolgt. Die Aufnahmen Rosenthals und

Am 19. Februar 1945 landen die US-amerikanischen Streitkräfte auf Iwo Jima. Bereits vier Tage später entsteht dieses Foto. Das Aufrichten des Sternenbanners demonstriert den Siegeswillen der Amerikaner, die erst am 26. März nach blutigem Gefecht die kleine japanische Insel erobern.

Es war am frühen Morgen des 2. Mai 1945. Ich betrat das Reichstagsgebäude. Überall war schrecklicher Lärm. [...] Ein junger sympathischer Soldat kam auf mich zu. Ich hatte eine rote Fahne in der Hand. Er sagte: „Leutnant, dawai, laß uns mit der Fahne aufs Dach klettern." „Deswegen bin ich ja hier", sagte ich. Wir gingen los, überall waren die Treppen zerstört. Dann waren wir endlich oben, der Reichstag brannte. Die ganze Hitze und der Rauch zogen in die Kuppel. Er meinte: „Wir wollen auf die Kuppel klettern." „Nein", sagte ich, „da werden wir geräuchert und verbrennen." „Na, dann versuchen wir es hier." Wir fanden eine lange Stange. Ich suchte lange nach Kompositionsmöglichkeiten. Erst machte ich ein Foto links, nein, das war nicht gut. Es sollte auch etwas von Berlin zu sehen sein. Dann sagte ich: „Jungs, geht und stellt euch dahin und hißt die Fahne an der und der Stelle." [...] Ich habe einen ganzen Film verknipst, 36 Bilder.

Quelle: Ernst Volland, Heinz Krimmer (Hgg.), Von Moskau nach Berlin. Bilder des russischen Fotografen Jewgeni Chaldej, Berlin 1994

Chaldejs bestätigen diese These: Der amerikanische Fotograf wählt für die Flaggenhissung auf Iwo Jima den Gipfel des Mount Suribachi, die höchste Erhebung der Insel, für das sowjetische Pendant dient der Reichstag als Ort des Geschehens, das heißt ein freistehender Bau, der – stärker als etwa die Reichskanzlei, das Stadtschloss oder aber das Brandenburger Tor – Monumentalität vermittelt.

● Bedeutung des Reichstags

Die Sowjets und speziell Josef Stalin schreiben der Eroberung des Reichstags große Symbolwirkung zu. „Als wir die deutschen Truppen vom Balkan über Budapest zurücktrieben, hatten wir nur ein Ziel: Berlin und dort den Reichstag. Reichstag, Reichstag, alle wollten zum Reichstag." Mit diesen Worten beschreibt Chaldej in einem Interview die Fixierung auf die Parlamentsruine, in der die Sowjets das „Dritte Reich" beziehungsweise die nationalsozialistische Macht baulich repräsentiert sahen – fälschlicherweise. Denn die Nationalsozialisten maßen dem Reichstag, der ihnen geradezu als Symbol des verhassten Weimarer Parlamentarismus gilt, keinen nennenswerten Stellenwert bei.

Die sowjetische Fehleinschätzung ist auf die enormen politischen Auswirkungen zurückzuführen, die der Reichstagsbrand vom Abend des 27. Februar 1933 nach sich gezogen hat. Mittels der bereits am darauffolgenden Tag verabschiedeten Reichstagsbrandverordnung gelingt es den Nationalsozialisten, gleichsam über Nacht zentrale Artikel der Weimarer Verfassung außer Kraft zu setzen und damit de facto den Rechtsstaat abzuschaffen. Hierdurch fällt ihnen nicht zuletzt die Verfolgung politischer Gegner wie den Kommunisten erheblich leichter. Für

Jewgeni Chaldej vor dem zerstörten Reichstag in Berlin, 1945. Ständige Begleiterin: eine Leica.

die Sowjets steht demnach 1945 fest: Vom Reichstag und dessen Brand, für den sie noch dazu – freilich zu Unrecht – die Nationalsozialisten selbst verantwortlich machen, hat Hitlers Herrschaft ihren Ausgang genommen. Hier soll sie auch enden. Es verwundert daher nicht, dass unzählige Rotarmisten unmittelbar vor beziehungsweise nach Kriegsende ihre Namen auf die Mauern des Gebäudes schreiben und es damit gleichsam symbolisch in Besitz nehmen, was sie kurz zuvor schon durch die Flaggenhissung taten.

● **Gestellt und manipuliert**

Seit Mitte April 1945 ist die Schlacht um Berlin im Gange. Spätestens am 1. Mai, dem internationalen Kampftag der Arbeiterklasse, soll die rote Flagge über dem Reichstag wehen – so lautet der Befehl Stalins, auf dessen Geheiß am 29. April Siegesbanner an ausgewählte Stoßtrupps ausgegeben werden. Tatsächlich gelingt es einigen Soldaten rechtzeitig, das heißt am Abend des 30. April, in den gewaltigen Bau einzudringen, sich zu dessen Dach vorzukämpfen und dort kurz vor 23 Uhr eine Flagge anzubrin-

gen. Ein Fotograf ist freilich nicht anwesend, so dass der Moment der symbolhaften Aneignung in visueller Hinsicht undokumentiert bleibt – ikonentaugliche Bilder wären angesichts der Dunkelheit wahrscheinlich ohnehin nicht entstanden. Entsprechend muss der historische Augenblick – als Pseudoereignis – für die Kamera wiederholt werden. Am frühen Morgen des 2. Mai erfolgt die Reinszenierung durch Jewgeni Chaldej, neben Dmitri Baltermanz, Georgi Selma und Georgi Petrussow einer der bedeutendsten Kriegsfotografen der Roten Armee, der bereits seit 1941 den Krieg gegen Hitler dokumentiert. Eine rote Fahne bringt er eigens mit, um auf dem Dach des noch immer brennenden Gebäudes das Bild festzuhalten. Joe Rosenthals Bild zeigt ebenfalls nicht die erste Flagge, die US-amerikanische Soldaten auf Iwo Jima hissen, sondern eine für das gewünschte Bild geeignete. Im Vergleich geht die Inszenierung der Flaggenhissung auf dem Reichstag jedoch wesentlich weiter: Nicht nur die Fahne, die gesamte Szene ist gestellt. Chaldej sucht lange nach der richtigen Komposition, findet sie schließlich und schießt so

Bearbeitungsstufen: Die Flaggenhissung am 2. Mai 1945, links eine von Chaldejs Aufnahmen vor der Bearbeitung, rechts eine retuschierte Variante in Farbe.

viele Fotos, dass er einen ganzen Film mit über dreißig Bildern verbraucht.

Bereits in der Nacht zum 3. Mai – die deutschen Truppen in Berlin haben mittlerweile kapituliert – fliegt Chaldej nach Moskau, wo die sowjetische Führung den enormen propagandistischen Wert seines Fotos sogleich erkennt. Allerdings weist es einen nicht unerheblichen Schönheitsfehler auf: Der untere, den Fahnenhisser stützende Offizier trägt an beiden Handgelenken Uhren – ein klarer Hinweis auf vorangegangene Plünderungen, der sich denkbar schlecht mit dem konservierten Moment des Triumphes verträgt. Chaldej wird angewiesen, die Uhr am rechten Arm durch Retusche zu entfernen. In dieser manipulierten Form veröffentlicht die Zeitschrift „Ogoniok" das Bild am 13. Mai 1945. Doch es bleibt nicht bei diesem Eingriff: Der Fotograf montiert darüber hinaus später durch das Abziehen zweier übereinandergelegter Negative, das heißt durch ein sogenanntes „negative sandwiching", zwei dunkle Rauchschwaden in das Bild hinein. Zum einen steigern sie die Dramatik des Geschehens, indem sie suggerieren, der Kampf um Berlin sei

noch im Gange, zum anderen nehmen sie die durch den Fahnenmast gebildete Diagonale auf und verleihen der Komposition dadurch ästhetische Geschlossenheit und Dynamik.

Chaldejs Bild ist demnach in mehrfacher Hinsicht nicht authentisch: Den historischen Augenblick – die tatsächliche erste Fahnenhissung auf dem Reichstag – ersetzt deren Reinszenierung, die ihrerseits nur in fototechnisch manipulierter Form veröffentlicht wird. Chaldejs Aufnahme ist damit eben das, was der Politikwissenschaftler Herfried Münkler als fotografische „Retusche der Geschichte" bezeichnet. Und so passt durchaus ins Bild, dass der Personenkult um die an der Fahnenhissung beteiligten Soldaten, den die Sowjetunion nach dem Krieg betreibt, ebenfalls in eklatanter Weise an der historischen Wahrheit vorbeigeht, indem er drei Männern gilt, die – dies ergeben Recherchen britischer Journalisten in den 1990er Jahren – weder an der tatsächlichen ersten Hissung noch an Chaldejs Reinszenierung beteiligt waren. Michail Jegorow, Meliton Kantaria und Konstantin Samsonow lauten ihre Namen. Stalin entscheidet sich für die drei Soldaten, die zu Helden der Nation avancieren, und erklärt den Georgier Jegorow zum eigentlichen Fahnenhisser. Da der Diktator ebenfalls aus Georgien stammt, dürfte dies nicht zufällig geschehen sein, bemerkt Ernst Volland, Kurator der Ausstellung „Jewgeni Chaldej – Der bedeutende Augenblick – eine Retrospektive", die 2008 im Martin-Gropius-Bau in Berlin gezeigt wurde.

Auch die DDR übernimmt den Personenkult um die drei vermeintlichen Helden. Chaldejs Reichstagsbilder erlangen hier rasch eine außerordentliche Bedeutung. In Geschichtsbüchern, auf Plakaten, Postkarten und Brief-

„Lasst uns über Berlin die Fahne des Sieges hissen!" Die Losung Stalins zitiert das sowjetische Plakat aus dem Jahr 1945.

Alternative Siegerikone: Chaldej fotografiert die sowjetische Flagge am 2. Mai auf dem Flughafen Tempelhof.

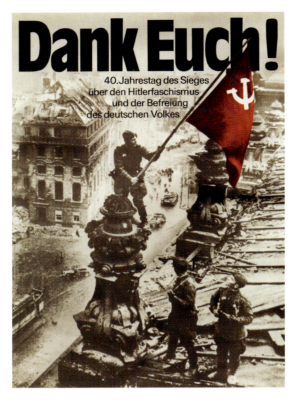

Die SED erinnert 1985 mit diesem Plakat an das Kriegsende.

Ungebrochenes Pathos – Grundvoraussetzung für Siegesikonen

Die Verantwortlichen des US-amerikanischen Magazins „Life", der damals wichtigsten Illustrierten der Welt, weisen wenige Tage vor der Kapitulation des „Dritten Reichs" ihre in Deutschland tätigen Fotografen an, nach einem Bild zu suchen, welches dem Sieg über die nationalsozialistische Herrschaft prägnant Ausdruck verleiht. Sie glauben in einer Aufnahme, die der weltberühmte Kriegsfotograf Robert Capa auf dem Nürnberger Reichsparteitagsgelände aufgenommen hat, die geeignete Siegesikone gefunden zu haben, und veröffentlichen das Foto höchst prominent auf dem Titelbild der ersten Ausgabe nach Ende der Kriegshandlungen in Europa.

Das Bild zeigt einen GI, der vor dem umkränzten Hakenkreuz der Haupttribüne steht und den rechten Arm zum Hitlergruß gestreckt hält. Als Vertreter der ersten modernen Demokratie rückt der einfache Soldat, bei dem es sich übrigens um den Fahrer des Fotografen handelt, plakativ an eben jenen Platz, den noch vor nicht allzu langer Zeit Hitler eingenommen hat. Man könnte folglich von einer banalisierenden Ersetzung des Diktators sprechen.

Obgleich Capas' Bild eine außerordentlich hohe Verbreitung erfährt und zudem zentrale Merkmale einer klassischen Siegesikone aufweist – Gerhard Paul nennt hier unter anderem die gleichzeitige Präsenz der unter- und überlegenen Seite sowie die Degradierung des Gegners –, ist ihm der Ikonenstatus verwehrt geblieben. Geschuldet ist dies zweifelsohne in entscheidendem Maße dem parodistischen Ansatz der Aufnahme, deren spielerischer Unernst zum tödlichen Ernst des Krieges

marken immer wieder reproduziert, erinnern sie an den Triumph der Roten Armee im Kampf gegen das nationalsozialistische Deutschland und dienen zugleich der Legitimierung der SED-Herrschaft. Sie finden besonders anlässlich des sogenannten Tages der Befreiung am 8. Mai Verwendung und bleiben bis zum Zusammenbruch der DDR zentral für das Gedenken an das Kriegsende. In der Bundesrepublik Deutschland dagegen setzen sie sich erst in den 1960er Jahren durch, zu einer Zeit also, in der die Bevölkerung das Kriegsende zunehmend nicht mehr nur als Niederlage wahrnimmt.

gegen Hitler-Deutschland nicht recht passen will. Dies lässt sich getrost verallgemeinern: Ein Wirkungskalkül, das auf Komik zielt, stellt grundsätzlich einen sicheren Weg dar, die Bildung einer Siegesikone zu verhindern. Oder anders ausgedrückt: Der militärische Sieg, der gemeinhin nicht ohne beträchtliche Opfer errungen wird, verlangt nach einem ernsthaften Umgang, will er kondensiert in einem Bild Eingang in das kulturelle Gedächtnis finden; nur so entsteht der Boden für eine vorrangig emotionale Rezeption. Ziel ist ein ungebrochenes Pathos, das sich auf den Betrachter unmittelbar übertragen soll, was zugleich bedeutet, dass die Siegesikone – und

„Life" parodiert am 14. Mai 1945 auf dem Titelblatt den Hitlerkult.

„Der Spiegel" zeigt Chaldejs Foto am 5. Mai 1965.

dies gilt mehr oder weniger für Fotoikonen jedweder Couleur – nicht der Ort für intellektuelle Reflexion ist. Jewgeni Chaldejs Reichstagsfoto und Joe Rosenthals Aufnahme der Flaggenhissung auf Iwo Jima können als hervorragende Belege dieser Behauptung dienen.

„Das Banner des Sieges": Dieses Spruchband nimmt die Westgruppe der Streitkräfte der Gemeinschaft Unabhängiger Staaten (GUS) beim Abzug aus Deutschland 1994 mit in die Heimat.

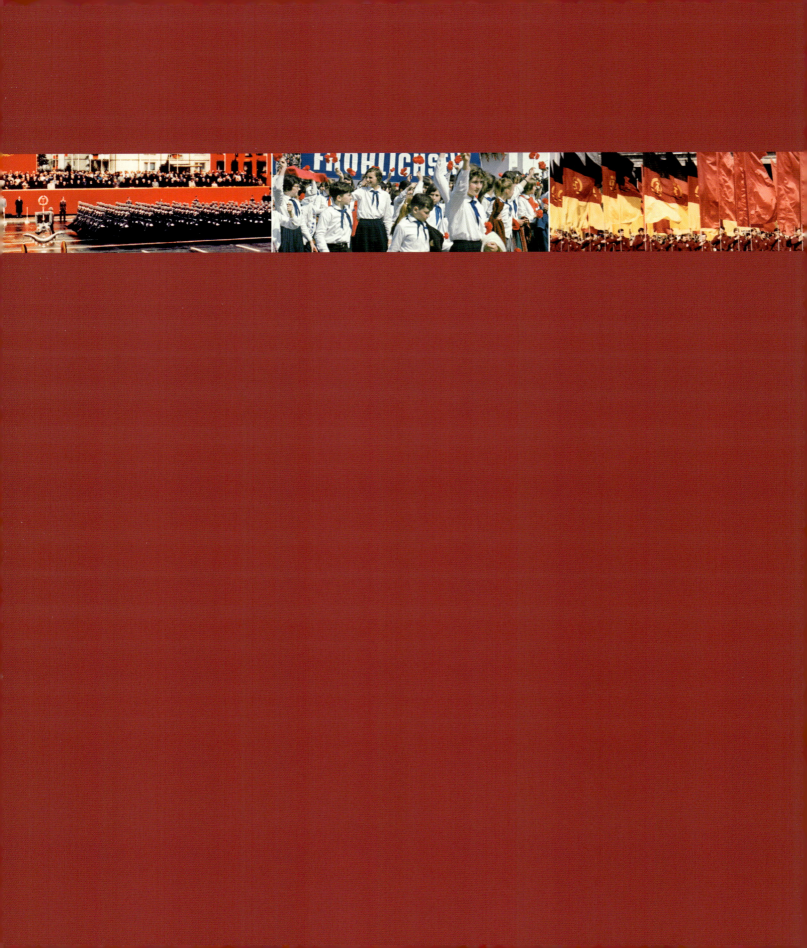

Rainer Eckert

Das Bildprogramm der SED-Diktatur

ilder, welche die eigene Macht demonstrieren, haben Herrscher seit jeher bewusst eingesetzt. Ihre besondere Faszination und Kraft zeigt sich jedoch verstärkt im Laufe des 20. Jahrhunderts, in dem politische Kommunikation zunehmend über das Visuelle erfolgt. Auch die Inszenierungen der Diktaturen lassen dieses Jahrhundert als eine Zeit der Bilder erscheinen: Die Sowjetunion und ihre Vasallenstaaten nutzen Fotografien im Dienst ihrer Willkürherrschaft und eines kaum zu überbietenden Personenkults um Josef Stalin. Dieser ist gekennzeichnet durch besondere Rituale der Verehrung, welche die kommunistische Staatspartei in der DDR übernimmt, um ihre Macht zu sichern. Besonders die Selbstinszenierung von Walter Ulbricht, einem Mann ohne Charisma, aber mit ausgeprägtem Machtinstinkt, ist

davon bestimmt. Auch Ulbrichts Nachfolger im Amt des Ersten Sekretärs des Zentralkomitees (ZK) der SED, Erich Honecker, lässt spezielle Huldigungsformen für seine Person entwickeln. Diese oft peinlichen und lächerlichen Ehrungen sind verbunden mit inszenierten Bildern, speziellen Chiffren und Symbolen, mit gebetsmühlenartig wiederholten Parolen und inszenierten Aufmärschen.

● Unterschiedliche Bilderwelten

Fotografien, die während der SED-Herrschaft entstanden sind, lassen sich in verschiedene Gruppen einteilen: private Ablichtungen, staatstreue Propagandafotografie, geheimpolizeiliche Überwachungsfotos, künstlerische und sozialdokumentarische Arbeiten, die am ehesten einer Verklärung entgegenwirken. Bilder bundes-

Machtdemonstration am 40. Jahrestag der DDR: Die Nationale Volksarmee marschiert am 7. Oktober 1989 an den Ehrentribünen vorbei.

deutscher und ausländischer Bildjournalisten, deren Tätigkeit Staatsorgane und Geheimpolizei argwöhnisch beobachten, vervollständigen die Reihe.

Die politisch erwünschten Fotografien finden kaleidoskopartig Eingang in massenhaft vertriebene Bildbände, die besonders gern bei offiziellen Anlässen oder SED-Ehrungen verschenkt werden. Der interessierte – oft jedoch wohl eher gelangweilte – Betrachter kann hier die kommunistischen Politiker und „Führer der Arbeiterklasse" in offiziellen Posen sehen. Die Nähe zur Moskauer Hegemonialmacht – getreu dem Motto „Von der Sowjetunion lernen, heißt siegen lernen" – und der Stolz auf die zunehmende internationale Anerkennung der DDR, die um 1970 einsetzt, sind weitere wichtige Themen. Darstellungen des Lebens in der DDR zeigen in erster Linie Menschenmassen bei staatlich gelenkten Demonstrationen und gesellschaftlichen Ritualen wie den Jugendweihen. Der Topos „unsere Menschen" greift Alltagsszenen auf: Menschen bei der Arbeit und beim Studium, in Kultureinrichtungen und beim „sozialistischen Wettbewerb". Wichtig sind dabei die Arbeiter in der Produktion – wie der erste „Aktivist", der Bergmann Adolf Hennecke, 1948 – und Bauern bei ihrer Tätigkeit in der „sozialistischen Landwirtschaft". Wissenschaftler und Künstler werden in ihrer vermeintlichen Tätigkeit für das Volk präsentiert, Sportler mit Medaillen und Politiker beim Massensport. Sie sollen dem Typus des „neuen", des „sozialistischen Menschen" entsprechen. „Bewaffnete Kräfte" erscheinen unter den Parolen „Waffen in Arbeiterhand" oder „Der Friede muss bewaffnet sein", die Jugend kommt als „Kampfreserve der Partei" ins Blickfeld. Die Waffenbrüderschaft mit sowjetischen Truppen

prägt den Bildkanon des militärischen Bereichs, als Ergänzung stehen ihr Landschaften der „schönen (ost-)deutschen Heimat" einschließlich der „sozialistischen" Städteplanung wie etwa in Eisenhüttenstadt gegenüber, auch die Minderheit der Sorben spielt entsprechend der „Nationalitätenpolitik" der SED eine Rolle. Diese Bildsprache der kommunistischen Staatspartei in der DDR lehnt sich eng an die der Sowjetunion an, die Uniformierung der Jugendlichen und die mächtigen Marschblöcke der Demonstrationen lassen aber auch Bezüge zum Nationalsozialismus erkennen.

Die Grundlage der kommunistischen Ideologie – die Idee der dichotomischen Teilung der Welt in Gut und Böse – gilt es fortwährend moralisch und emotional aufzuladen; sie bestimmt das staatliche Handeln. Wer mit seiner Fotografie Kritik übt, kann in den Verdacht geraten, ein westlicher Agent zu sein, was harsche Restriktionen nach sich zieht. Trotzdem oder gerade deshalb sind die Aufnahmen sozialkritischer oder oppositioneller Fotografen, die in ständigem Spannungsverhältnis zur offiziellen Politik stehen, besonders interessant. Fast zwanzig Jahre nach der Wiedervereinigung tritt uns heute gerade aus der sozialdokumentarischen Fotografie die Wirklichkeit der DDR entgegen.

Den Machthabern ist die Gefahr, die von kritischen Bildern ausgeht, durchaus bewusst. Gleichzeitig ist es ihnen möglich, mit einem vielgestaltigen Zensursystem und

Oben: Während der Abschlussfeier des VI. Turn- und Sportfests 1977 halten Zuschauer im Leipziger Zentralstadion Farbtafeln hoch, die einen Schriftzug ergeben.

Unten: Fahnenträger begleiten jeden offiziellen Festakt.

Jugendliche sind meistens in die Feierlichkeiten eingebunden. Thälmann-Pioniere marschieren am 1. Mai 1973 an den Tribünen vorbei.

Rechts: Das ZK der SED beschließt 1959, dass jeder Journalist in der DDR dafür eintreten muss, „die Beschlüsse von Partei und Regierung in der Redaktionsarbeit, in seinem Auftreten vor der Bevölkerung, in seiner gesellschaftlichen Arbeit und in seinem persönlichen Leben durchzusetzen".

den Mitteln der Geheimpolizei, ihnen unbequeme oder gefährlich erscheinende Abbildungen zu kontrollieren – zumindest im eigenen Herrschaftsbereich. Auf diese Weise verhindern sie Ablichtungen von unzufriedenen Menschen, aufsässigen Jugendlichen oder Demonstranten, die nicht mit der erwünschten Begeisterung auf den staatlich organisierten Massenaufmäschen erscheinen – ganz zu schweigen von den fotografischen Spuren widerständiger Aktionen. Das Zensursystem überwacht die Genehmigung von Publikationen, begutachtet Texte und erwirkt die Veränderung unerwünschter Textpassagen. Zusätzlich hemmt die innere Zensur – die „Schere im Kopf" – viele Autoren, sich kritisch zu äußern.

● **Diktatorischer Bilderkult**

Für die deutsche sozialdemokratische Arbeiterbewegung ist die Abbildung von Personen auf Fahnen und Transparenten ursprünglich nicht üblich gewesen. Das ändert sich für die deutschen Kommunisten, als sie in den 1920er Jahren bei Besuchen in der Sowjetunion, dem „Mutterland aller Werktätigen", erstmals mit deren Bilderkult in Berührung kommen. Er erinnert an die Heiligenverehrung der Ostkirche oder die stilisierte Darstellung des Zarentums. Sie übernehmen dieses Vorbild und verinnerlichen es auch im Moskauer Exil, in das die Nationalsozialisten sie ab 1933 zwingen. Diese Bilderwelt wollen sie in einem späteren eigenen Staat verwirklicht sehen.

Bilder dienen in der DDR – wie in allen kommunistischen Herrschaftssystemen – immer der Agitation, sie sind „Kampfinstrument der Partei der Arbeiterklasse". Daneben erbringen sie den vermeintlichen Beweis für die Erfolge und die Überlegenheit der eigenen Macht. Die Präsentation von Gestalten angeblich mythischer Größe – beispielsweise den Klassikern des Marxismus und Leninismus oder den „im Kampf gefallenen" Führern der kommunistischen Arbeiterbewegung – unterstreicht dies. Mit der repräsentativen Fotografie versuchen die Machthaber, neue Werte zu schaffen und zu stabilisieren – Solidarität und „sozialistische Menschengemeinschaft". Dabei bleibt nichts dem Zufall überlassen.

Für einen großen Teil der Bildinhalte und für die Vergabe von Fotoaufträgen ist seit 1950 die Abteilung Agitation gemeinsam mit der Abteilung Propaganda im ZK der SED verantwortlich, sie stützen sich auf entsprechende Strukturen der Staatspartei in Kreisen und Bezirken. Dabei soll die Agitation Mittel und Methode sein, „um das Wort der Partei in

DIE PRESSE-
KOLLEKTIVER
ORGANISATOR
DER
SOZIALISTISCHEN
UMGESTALTUNG

3. PRESSEKONFERENZ DES ZK DER SED

die Massen zu tragen", die Propaganda dient der systematischen Verbreitung des Marxismus-Leninismus als „wissenschaftlicher Weltanschauung". Die ZK-Abteilung Agitation fungiert als oberste Instanz für alle Medien in der DDR und gibt wöchentlich verbindliche Anweisungen an deren Chefredakteure. Der Abteilung Propaganda untersteht die Schulung der SED-Mitglieder, sie betreibt die Schulen der Massenorganisationen und kontrolliert die Verlage. Im Jahr 1989 beschäftigen sich in dieser Abteilung drei Bereiche mit der zentralen Anleitung und Organisation der schriftlichen und mündlichen sowie der Sichtagitation, die mit Plakaten und Transparenten für die „sozialistische Sache" wirbt. Die Staatspartei inszeniert ihr Eigenbild nicht nur mit aktueller politischer Absicht, sondern immer auch, um sich in der Geschichte zu verankern und Visionen für die Zukunft zu entwickeln. Öffentliche Präsentation im Bild soll die Massen in der DDR beeindrucken und überzeugen, zugleich dem politischen Gegner in der Bundesrepublik Deutschland Achtung abnötigen sowie international wirken.

● Staatstragende Symbole

Die Durchsetzung der offiziellen Ikonografie der SED erfolgt über den parteiamtlichen Filter und mit geheimpolizeilicher Absicherung. Dabei spielen Symbole eine zentrale Rolle: Der Stahlhelm steht für Militarismus und Imperialismus des Westens, die Taube für den Friedenswillen des Ostens, rauchende Schlote für den industriellen Aufbau und die Geste der verschlungenen Hände für die Vereinigung der Arbeiterparteien in der sowjetischen Besatzungszone. Der historische Handschlag von Wilhelm Pieck, Vorsitzender des ZK der KPD,

und Otto Grotewohl, Vorsitzender der SPD in der sowjetischen Besatzungszone, ereignet sich anlässlich des Parteitags zur Zwangsvereinigung von KPD und SPD am 21. und 22. April 1946 in Ost-Berlin. Nach Gründung der DDR am 7. Oktober 1949 verdrängen jedoch neue Bilder zunehmend dieses symbolische Motiv: Sie zeigen Fackelzüge uniformierter Jugendlicher und Militärparaden, die Ähnlichkeiten mit denen der Wehrmacht aufweisen. Uniformen entsprechen dabei zum einen dem propagierten Gemeinschafts- und Kollektivgedanken, zum anderen der Gleichförmigkeit des gesellschaftlichen Lebens in der DDR. Gleichzeitig setzen sich quasireligiöse Rituale durch: die Ausgestaltung von Festen, der proletarische Heldenkult, die Symbolik von Gruß, Fahnenhissen und Meldungen, bestimmte Anreden und Lieder, „geheiligte" Bücher. Hinzu kommen Paradenmärsche, Stechschritt,

Offizierschüler der Nationalen Volksarmee marschieren am 7. Oktober 1989 auf.

Auch im Jahr 1985 gehören große Paraden zum Programm des Staatsfeiertags.

schen Diktatur. Vielmehr zählt dazu grundsätzlich auch die Berufung auf die kämpferischen Traditionen der deutschen Arbeiterbewegung: Die erste Verfassung der DDR von 1949 etabliert den 1. Mai als offiziellen Staatsfeiertag. Die SED nutzt ihn als Drehpunkt ihrer Agitation und gleichzeitig dazu, die Verfügbarkeit der Massen und die Einsatzfähigkeit des Apparats zu überprüfen. Der Feiertag wird seit 1950 zunehmend militarisiert, von 1956 bis 1977 bildet eine Militärparade der Nationalen Volksarmee den Auftakt. Den darauffolgenden „Vorbeimarsch der Werktätigen" prägen mitgeführte Parolen und Bildnisse.

● Allgegenwärtige Leitfiguren

Um den Bilderkult zu verstehen, ist zu bedenken, dass die SED nicht nur eine politische Organisation, sondern immer auch Geheimbund einer Schar von Auserwählten und „geliebte Heimat" ist. Sie personifiziert und mystifiziert sich in ihren toten und lebenden Führern und dem auf sie bezogenen Personenkult. Dabei stützt sich deren Legitimität auf den Anspruch, die absolute historische Wahrheit und einen vorgegebenen Geschichtsverlauf zu verkörpern. Für die SED heißt das zunächst der Glaube an Stalin, später dann an andere Sowjetführer und deutsche Kommunisten. Bei ihnen und weiteren Symbolträgern, wie dem für die SED besonders wichtigen, von den Nationalsozialisten ermordeten Ernst Thälmann, legen die Kommunisten größten Wert darauf, dass die Porträts allgegenwärtig und die Gesten der abgebildeten Personen von großer Symbolkraft sind.

Die Bilder des sowjetischen Despoten und anderer Symbolträger sollen die Partei einen,

Spielmannszüge, Gelöbnisse, Fahnenweihen und rituelle Sprechchöre. In dieser politischen Selbstdarstellung spielt immer ein aufwendiges Staats- beziehungsweise Parteizeremoniell eine prägende Rolle, daneben ist der öffentliche Raum durch Hinweisschilder, Gedenktafeln, Straßennamen und Denkmäler semiotisch aufgeladen. Die kommunistischen Benennungen von Städten, Betrieben, Kultureinrichtungen, Sportstätten, Schulen und Universitäten prägen die Öffentlichkeit ebenso wie Gegenstände des alltäglichen Gebrauchs, beispielsweise Briefmarken und Geldscheine. Auch das Parteiabzeichen, das die Mehrheit der SED-Genossen offen trägt, ist allgegenwärtig.

Aber nicht nur der Vereinigungshandschlag und die Feiern zur Staatsgründung gehören in den Kanon symbolischer Bilder der ostdeut-

ihre Macht absichern und Siegesgewissheit vermitteln. Sehr oft ist die Parteispitze auf Rednertribünen zu sehen, die wohl Throne ersetzen sollen, die nicht mehr zur Verfügung stehen. Daneben schmücken überlebensgroße Porträts die Hallen, und über den Demonstrationen schweben die Köpfe der Auserwählten in Frontal- oder in Seitenansicht. Auf einem Foto vom IV. Parteitag der SED 1954 applaudieren Wilhelm Pieck und Walter Ulbricht wohl zuerst sich selbst und erst dann den Delegierten der Maschinen-Traktoren-Stationen der volkseigenen Güter. Das alles vollzieht sich vor den symbolisch überhöhten Köpfen von Karl Marx, Friedrich Engels, Wladimir Iljitsch Lenin und Josef Stalin. Letzterer ist bereits im Jahr 1953 verstorben, seine Verbannung aus dem Bestand kommunistischer „Säulenheiliger" lässt jedoch auf sich warten. Erst auf dem XX. Parteitag der Kommunistischen Partei der Sowjetunion (KPdSU) im Februar 1956 spricht ihr Generalsekretär Nikita Chruschtschow in einer Geheimrede die Verbrechen

des ehemaligen sowjetischen Staats- und Parteichefs an und brandmarkt ihn somit als Diktator. Ohne die Herrschaft der KPdSU infrage zu stellen, löst diese Kritik eine erste Distanzierung vom Stalinismus aus. Infolgedessen sperrt die SED die Veröffentlichung des Bildes ganz beziehungsweise oberhalb einer auf dem Bild zu sehenden Zensurlinie, um so das Konterfei Stalins zu tilgen. Der Bruch mit Stalin hält in der KPdSU aufgrund weitreichender innenpolitischer Folgen allerdings nicht lange an, wie die harsche Niederschlagung der Aufstände in Polen und Ungarn 1956 durch sowjetische Truppen zeigt.

Auch die SED verabschiedet sich nicht vollständig vom Glauben an einen Götzen wie Stalin, sie überträgt den Personenkult zunehmend auf Ulbricht, um die mit solchen Präsentationen verbundenen Aufgaben weiterhin zu lösen. Der Versuch, eine ikonografische Troika – bestehend aus dem SED-Generalsekretär Walter Ulbricht, dem Staatspräsidenten Wilhelm Pieck und dem Ministerpräsidenten Otto Grote-

Links:
Leitfiguren: Bis Mitte der 1950er Jahre sind die Porträts von Marx, Engels, Lenin und Stalin allgegenwärtig, wie hier auf dem IV. Parteitag der SED am 2. April 1954. Im Vordergrund applaudieren Walter Ulbricht und Wilhelm Pieck.

Rechts:
Erich Honecker spricht auf dem VIII. Parteitag der SED am 15. Juni 1971. Im Hintergrund hängen Porträts von Marx, Engels und Lenin. Das Bild Stalins wurde entfernt.

Ein erster Höhepunkt des Ulbricht-Kults ist zu dessen 60. Geburtstag am 30. Juni 1953 geplant. Dazu gehören zahlreiche Veranstaltungen, Publikationen und Filme. Doch verweigert die Moskauer Führung in der wirtschaftlich und politisch angespannten Situation in der DDR ihre Zustimmung, und das Politbüro der SED beschließt, zukünftig die Benennung von beispielsweise Betrieben, Institutionen und Straßen nach lebenden Genossen zu unterlassen. Auch der gigantische Huldigungsfilm: „Baumeister des Sozialismus – Walter Ulbricht" verschwindet im Archiv. Trotzdem hält der Personenkult um Ulbricht und seinen Führungskreis an.

Nach dem Mauerbau 1961 ist Ulbricht auch in seiner Privatsphäre zu sehen. Die Aufnahmen mit seiner Ehefrau Lotte oder beim Sport – oft in unfreiwillig komisch wirkender Bekleidung – sollen sein Image als Landesvater begründen beziehungsweise verstärken. Die Propaganda verbreitet Bilder, die ihn beim Mittagessen mit einer Arbeiterfamilie, als Ratgeber für Architekten und Städteplaner oder beim Schmetterball am Volleyballnetz zeigen. Der Kult um Ulbricht als sozialistischen Helden findet 1963 einen Höhepunkt mit seinem 70. Geburtstag, den die SED mit Fackelzügen, Feuerwerk und Fahnenschmuck feiert. Schließlich begeht die SED den 75. Geburtstag Ulbrichts 1968 als Staatsfeiertag. Nach seiner Entmachtung bricht dieser Mythos jedoch jäh in sich zusammen: Das Foto seines 78. Geburtstags im Jahr 1971 zeigt einen Greis in Bademantel und Hausschuhen, dem Mitglieder des Politbüros mit würdevollen Gesichtern gratulieren.

Als Erich Honecker 1971 die Parteiführung übernimmt, präsentiert sich die Bildsprache der SED-Propaganda vorübergehend nüchterner;

Volksnah: Walter Ulbricht zusammen mit Teilnehmern des III. Deutschen Turn- und Sportfests im August 1959 in Leipzig.

wohl – zu etablieren, ist von geringer Reichweite geblieben. So skandieren beim Volksaufstand am 17. Juni 1953 viele Demonstranten: „Spitzbart, Bauch und Brille sind nicht des Volkes Wille", womit sie eindeutig auf die drei Parteiführer anspielen. Pieck ist darüber hinaus 1953 schwer krank und politisch einflusslos, Grotewohl als Symbolfigur der anpassungsbereiten Sozialdemokraten verschlissen. So bleibt nur Ulbricht – die problematische Tatsache, dass viele Ostdeutsche ihn verabscheuen, wird letztlich ignoriert. Zuvor hat Ulbrichts mangelnde Popularität bewirkt, dass sich die kommunistische Propaganda auf die „Vaterfigur" des „Interessenvertreters" der kleinen Leute, Staatspräsident Pieck, konzentrierte. Sie hat ihn als „Präsident des Volkes" porträtiert – in würdevoller und freundlicher Art, umgeben von Besuchern, Familien und Kindern.

Walter Ulbricht – Ein deutscher Arbeitersohn

Die deutsche Arbeiterklasse zählt ihn zu ihren Besten. Die Partei der Arbeiterklasse, das schöpferische Kollektiv des Politbüros sind stolz auf ihn. Die Deutsche Demokratische Republik erblickt in ihm ein Vorbild an Fleiß, Energie, Arbeitskraft – als menschlichen Inbegriff unschätzbarer Errungenschaften [...], und wir alle, die wir den Frieden lieben, lieben dich, Walter Ulbricht, den deutschen Arbeitersohn.

Quelle: Johannes R. Becher, Walter Ulbricht – Ein deutscher Arbeitersohn, Berlin 1963 (7. Auflage)

politische Botschaften sollen subtiler vermittelt werden. Honeckers Privatsphäre ist weitgehend tabu. Einzige Ausnahme: Er lässt sich gemeinsam mit ausländischen Diplomaten als erfolgreicher Jäger darstellen. Die auf Honecker bezogene Bildsprache ändert sich allerdings in der zweiten Hälfte der 1970er Jahre, als die internationale Anerkennung der DDR deutliche Fortschritte macht und er zudem das Amt des Staatsratsvorsitzenden übernimmt. Jetzt ist sein Porträt allgegenwärtig: in Amtsstuben, Gaststätten, in den Auslagen von Lebensmittelgeschäften und in Ferienheimen. Der Partei- und Staatsführer ist im Gespräch mit ausländischen Staatschefs, mit Soldaten, Arbeitern und Pionieren zu sehen. In der Berichterstattung der DDR wird sein Name stets mit der gesamten Titulatur genannt. Einen Höhepunkt erreicht der neue Bilderkult, als das „Neue Deutschland" am 16. März 1987 in einem Artikel über die Leipziger Frühjahrsmesse Honecker 43 Mal im Dialog mit Diplomaten und Unternehmern zeigt. Aber auch diese Huldigungen bringen immer wieder Lächerliches hervor, wenn beispielsweise das Konterfei Honeckers – wie zuvor die Bildnisse

von Pieck, Ulbricht oder Grotewohl – statt Waren in Schaufenstern prangt, zwischen Dauerwürsten liegt oder neben Häuserruinen aufgebaut ist. Schließlich bleiben als Bildvermächtnis nur die Fotografien des altersstarren und gestürzten kranken Diktators auf der Flucht und vor Gericht.

Erich Honecker, seit dem 3. Mai 1971 Erster Sekretär des ZK der SED, gratuliert seinem Vorgänger Walter Ulbricht am 30. Juni 1971 zum 78. Geburtstag.

Wie die Bilderwelten drücken auch die Parolen der SED auftrumpfendes Selbstbewusstsein aus, sie sollen Frieden bekunden, die Militarisierung lobpreisen und mittelmäßige Parteikader glorifizieren. Ebenso gehören Aufmärsche von Militär und Zivilisten, von Schulklassen, Sport- und Betriebsgruppen, Parteiformationen und Massenorganisationen zum Erscheinungsbild der zweiten deutschen Diktatur. Die kommunistische Führung setzt dabei Bilder ein und versucht, diese in einzelnen Fällen zu Ikonen zu erheben, was jedoch selten gelingt. Auch die Übertragungen durch Fernsehen und Rundfunk, bei denen die Nennung der jeweils vorbeimarschierenden Formation, Hochrufe und das pathetische Deklamieren von Losungen einander ablösen, ändern dies nicht. Von besonderer Ironie ist, dass die SED die Parolen beschließt, in ihrem Zentralorgan „Neues Deutschland" veröffentlicht und damit verbindlich vorschreibt. Dies ist – unfreiwillig – nicht weniger komisch als die Sitte, die Bilder der jeweiligen nationalen und internationalen Parteigrößen den Zügen voranzutragen. Diese an Heiligenbilder erinnernden Konterfeis müssen bei einer Führung, die sich zum Atheismus bekennt, besonders befremden. Die Folge ist, dass viele Menschen die Demonstrationen

Propaganda statt Waren: In einem Schaufenster sind 1989 Porträts des SED-Generalsekretärs und Hinweise auf die Staatsfeiertage ausgestellt.

als lästige Pflicht betrachten und die Organisatoren die Teilnahme kontrollieren oder sogar erzwingen müssen. Obwohl oftmals ironisiert und belächelt, bleiben die Aufmärsche und die in der Regel mit ihnen verbundenen Volksfeste nicht wirkungslos. Besonders offenkundig ist dies, wenn die an den Festtribünen vorbeimarschierenden Menschen plötzlich lachen und winken: In diesem Moment bilden sie eine fast mystische Einheit mit den Gefeierten auf den Podesten, die ebenfalls winken. Wenn dies auch nur kurzfristig wirken kann, so führt Propaganda neben Ablehnung doch auch zur Akzeptanz der gegebenen Verhältnisse und zu ihrer ideologischen Legitimation.

● Revolutionäres Ende der kommunistischen Bilderwelt

Letztlich kann die SED die Niederlage ihrer Diktatur in der friedlichen Revolution von 1989/90 jedoch nicht verhindern. Das Ende der kommunistischen Herrschaft ist mit dem Zusammenbruch ihrer Bilderwelt, dem Sturz ihrer Symbole und Denkmäler sowie der Beseitigung vieler der Namensgebungen, die sie durchgesetzt hatte, untrennbar verbunden. Eine Legendenbildung ist heute – mit Ausnahme weniger Nostalgiker – nicht einmal bei den Nachfolgeparteien der SED auszumachen. Dass die Ostdeutschen die Denkmäler oder Straßennamen, die die Diktatur überlebt haben, in der Regel nicht als Ideologieträger, sondern als alltäglich und belanglos betrachten, ist auch eine Folge der friedlichen Revolution. Damals machten die Demonstranten die SED-Führer mit symbolhaften Aktionen lächerlich, erstürmten die Bastionen ihrer Macht und beseitigten deren Wahrzeichen. Das war von erheblicher politischer Bedeutung, da sich Loyalität immer

auch über Bildsymbole herstellt. Deshalb ist ihre Auswechselung innerhalb gesellschaftlicher Erhebungen so wichtig. Dass der Bildkanon der Diktatur durchbrochen wird und neue, die alte Herrschaft ironisierende Abbildungen ihn ersetzen, gehört zu den unmittelbaren revolutionären Handlungen. Gibt es hier Versäumnisse, so sind diese später nur schwer zu beheben. So werden in Ostdeutschland Straßennamen und Denkmäler noch lange an die kommunistische Diktatur erinnern. Und dies selbst dann noch, wenn die kommunistische Bilderwelt in der nationalen Erinnerung bereits versunken sein wird.

Neues Selbstbewusstsein: Am 4. November 1989 findet auf dem Alexanderplatz in Ost-Berlin die größte Kundgebung der friedlichen Revolution statt. Die Demonstranten verspotten Politiker wie den SED-Generalsekretär Egon Krenz.

Thomas Ahbe

Monika Gibas

Der symbolische Handschlag –

Gründungsikone der DDR

er Händedruck zwischen Wilhelm Pieck und Otto Grotewohl am 21. April 1946 auf dem Vereinigungsparteitag von SPD und KPD im sowjetisch besetzten Teil Berlins zählt zu den wichtigsten Bildikonen der deutschen Geschichte im 20. Jahrhundert. Zwei Aufnahmen dieses Ereignisses erfahren millionenfache Verbreitung – das Hochformat von Herbert Hensky und das Querformat von Abraham Pisarek. In der DDR illustrieren diese Bilder über vier Jahrzehnte lang die verordnete Geschichtserzählung vom „hoffnungsvollen Neuanfang unter Führung der Sozialistischen Einheitspartei Deutschlands" und die These, dass nur die DDR die „Lehren aus der deutschen Geschichte" gezogen habe. In konkurrierender Deutung stehen sie für die „Zwangsvereinigung" der Arbeiterparteien und den Beginn der „zweiten deutschen Diktatur".

Während die Aufnahme von Pisarek auch das Plenum zeigt, fokussiert Hensky den Blick des Betrachters auf den Händedruck der Männer. Die Idee, den Handschlag zum Zeichen der Sozialistischen Einheitspartei (SED) zu machen, stammt von dem Sozialdemokraten Otto Grotewohl. Sein Sohn Hans zeichnet eine erste Skizze des neuen Parteiemblems auf die Rückseite eines Briefbogens des SPD-Zentralausschusses. Schon in diesem Entwurf ist der Händedruck das dominierende Gestaltungselement. In der endgültigen Fassung bildet dann die rote Fahne der Arbeiterbewegung den Hintergrund für die in Gold ausgeführten Hände, der neue Parteiname umrandet das Ensemble. Mit dem Motiv der verschränkten Hände setzt sich die Ikonografie der SPD fort, die sich ihrerseits auf das schon seit Mitte des 19. Jahrhunderts tradierte Erkennungszeichen der deutschen Arbeiterbewegung stützt: den Handschlag als wichtigen Bestandteil des sozialistischen Zeichenkanons. Mit Emblemen, Texten und Liedern soll das Symbol schon damals die Überzeugung kommunizieren, dass die Lage der Lohnarbeiter nur mit der Stärke zu verbessern sei, die aus ihrer Einigkeit resultiert. Auch das „Manifest der Kommunistischen Partei", das Karl Marx und Friedrich Engels 1848 verfassen, macht diesen Topos mit der Losung „Proletarier aller Länder, vereinigt Euch!" berühmt. Oft bleibt die organisatorische Einheit der Arbeiterbewegung aber nur eine Vision. Denn die Suche nach jeweils zeitgemäßen Programmen und Politikstilen schlägt sich immer wieder in Abspaltungen und neuen Fusionsbestrebungen nieder. Der 1863 gegründete Allgemeine Deutsche Arbeiterverein (ADAV) fusioniert 1875 mit der Sozialdemokratischen Arbeiterpartei (SDAP) zur Sozialistischen Arbeiterpartei (SAP), die sich 1890 in Sozialdemokratische Partei Deutschlands (SPD) umbenennt. Von

Abraham Pisareks Foto zählt neben Herbert Henskys zu den bekanntesten Aufnahmen des Handschlags. Es zeigt neben Pieck und Grotewohl am rechten Bildrand den KPD-Funktionär Walter Ulbricht, der die Parteifusion insbesondere seit den Wahlniederlagen der Kommunisten in Ungarn und Österreich vorantreibt.

der SPD spalten sich 1917 die Unabhängige Sozialdemokratische Partei (USPD) und 1918 die Kommunistische Partei Deutschlands (KPD) ab. Teile der USPD verschmelzen 1920 mit der KPD und 1922 mit der SPD. Und schließlich erfolgt 1946 im Bereich der Sowjetischen Militäradministration in Deutschland (SMAD) die Vereinigung der SPD und KPD zur SED. Ein Parteizusammenschluss ist also in der langen Geschichte der deutschen Arbeiterbewegung nichts grundlegend Neues.

● Das Ereignis zum Bild

Die Fusion von Teilen der SPD und KPD zur SED ist von Beginn an überschattet vom Machtkalkül der Parteispitzen und den zunehmenden Interventionen der rivalisierenden Besatzungsmächte. Obwohl die am 11. und 15. Juni 1945 veröffentlichten Aufrufe der KPD- und SPD-Spitzen sowie viele Kommunisten und Sozialdemokraten an der Basis sich für die Überwindung der organisatorischen Spaltung aussprechen, entwickelt sich der Kampf für oder gegen den Zusammenschluss zu einem der ersten großen Konflikte des Kalten Krieges in

Deutschland und insbesondere in Groß-Berlin. Ein erstes Angebot, eine Einheitspartei zu bilden, unterbreitet am 12. Juni 1945 der provisorische Zentralausschuss der SPD. Eine möglichst frühzeitige Fusion soll verhindern, dass die KPD in der neuen Partei ein machtpolitisches Übergewicht bekommt. Doch Walter Ulbricht, der spätere Vorsitzende der SED und des Staatsrats der DDR, der 1945 den Wiederaufbau der KPD in Berlin organisiert, lehnt ab. Er folgt damit Stalin, der aus Angst vor einer

Zukunftsweisend: Otto Grotewohl gratuliert Wilhelm Pieck am 3. Januar 1946 in der Staatsoper zum 70. Geburtstag. Mit diesem Handschlag werben KPD-Propagandisten für die Vereinigung von SPD und KPD.

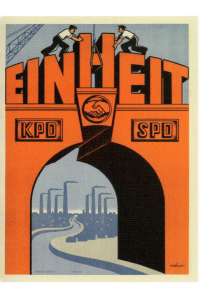

Propagandaplakat zur Vereinigung von SPD und KPD, 1946.

Nach der Parteifusion verfolgt die SED große Pläne. Das Plakat aus dem Jahr 1947 zeigt zwei Arbeiter, die symbolisch Ost und West verbinden.

„Misch-Masch-Partei" fordert, dass „erst die KPD aufgebaut und gefestigt werden müsse" – was dann auch geschieht. Mehr noch: Die KPD besetzt unter sowjetischer Patronage den Verwaltungsapparat der sowjetischen Besatzungszone (SBZ) mit ihren Funktionären, während die SPD, der im Sommer viele neue Mitglieder zugeströmt sind, auf dieser Ebene keine Gleichstellung erreicht. In einer Rede am 14. September 1945 schaltet sich auch Otto Grotewohl in das Machtgerangel ein: „Wenn heute ein neuer Staat in Deutschland aufzubauen ist, so ist die deutsche Arbeiterklasse und in ihr die Sozialdemokratische Partei Deutschlands zuerst berufen, diesen Staat zu errichten." Zudem sagt er im November, dass eine „zonenmäßige Vereinigung" bis zu einer Fusion „im Reichsmaßstab" zurückzustellen sei, was den Vorstellungen der Kommunisten widerspricht.

Nach den schlechten Wahlergebnissen der Kommunisten in Ungarn und Österreich im November 1945 ändert sich das Kalkül der SMAD. Während die Machthaber in der SBZ nun die Befürworter der Einheitspartei massiv unterstützen, unterbinden sie die Veranstaltungen der Gegner. Die Presse weisen sie an, jegliche Vorbehalte gegenüber der Einheitspartei als „Verrat an Arbeiterinteressen" abzustempeln, während sie skeptischen Sozialdemokraten Vergünstigungen versprechen, sie bedrohen oder gar verhaften, um die Fusionsverhandlungen zu erreichen. Diese münden am 20. Dezember 1945 in die erste der beiden „Sechziger-Konferenzen", an denen je dreißig Vertreter von SPD und KPD teilnehmen.

Parallel hierzu arbeitet Kurt Schumacher in Hannover schon seit Anfang Oktober 1945 auf die Loslösung der westzonalen SPD vom Zentralausschuss in Berlin hin – Anfang Januar 1946

fällt ein entsprechender Beschluss. Die SPD-Vertreter aus den ostdeutschen Ländern und Provinzen hingegen verdeutlichen dem Zentralausschuss im Februar, dass sie auch ohne dessen Zustimmung den Vereinigungsprozess fortsetzen. So konstituiert sich im Februar und März 1946 auf Kreis- und Landesebene der SBZ die SED. Im April legitimieren zunächst Parteitage der ostzonalen SPD und KPD und schließlich der Vereinigungsparteitag die Fusion – die Sozialdemokraten in West-Berlin hingegen beschließen, die SPD neu zu gründen.

Die Vereinigung von SPD und KPD in der sowjetisch besetzten Zone Deutschlands erreicht also mitnichten die „Einheit der deutschen Arbeiterbewegung". Vielmehr beginnen die deutschen Genossen – unter starkem Einfluss der zunehmend verfeindeten Besatzungsmächte –, ihre alten Feindschaften und neuen Rivalitäten nachhaltig zu vertiefen.

● Die Bilder zum Ereignis

Der Vereinigungsparteitag am 21. und 22. April 1946 findet in den Medien große Beachtung. Die Fotografen wissen, dass der Händedruck zwischen den beiden Vorsitzenden der dramaturgische Höhepunkt des Parteitags ist und dass der stilisierte Handschlag das zentrale Element des SED-Emblems bilden wird. Das Symbol der neuen Partei ist schon vor dem Händedruck im Saal zu sehen, auch als Emblem der neuen Parteifahne, die Wilhelm Pieck schwenkt. So entstehen von der Handschlagsszene viele Aufnahmen. Darunter ragen die von Herbert Hensky und Abraham Pisarek kompositorisch und technisch heraus: Während bei vielen anderen Fotografien die Bildausschnitte nicht ideal gewählt sind, weil etwa Vasen und Rundfunkmikrofone den Blick auf die Hände

Kundgebung:
Anlässlich der Grün-
dung der DDR tragen
FDJ-Mitglieder am
11. Oktober 1949
neben dem Porträt
Stalins auch ein Bild
des Handschlags
mit sich.

verstellen oder der Bildhintergrund zu unruhig wirkt, haben Hensky und Pisarek den Handschlag perfekt in Szene gesetzt. Zur eigentlichen Ikone wird letztlich ein Ausschnitt des Hochformats von Herbert Hensky. Seine Aufnahme zeigt die beiden Parteivorsitzenden in Untersicht, ihre dunklen Anzüge füllen den Bildrahmen in der Breite nahezu aus. Der Blick des Betrachters wird direkt auf den symbolischen Händedruck gelenkt – wobei Friedrich Engels, einer der sozialistischen Gründerväter, dessen Porträt über den Parteiführern schwebt, die Geste gewissermaßen beglaubigt. Henskys Gespür für die richtige Bildkomposition erklärt sich aus seiner Biografie: 1910 geboren, erlernt er zunächst den Beruf des Dekorationsmalers, bevor er sich zum Amateurfotografen entwickelt. 1932 tritt er der Vereinigung der Arbeiter-Fotografen Deutschlands (VdAFD) bei und wird technischer Leiter der Ortsgruppe Prenzlauer Berg. In jenem Jahr arbeitet er dann auch eine Zeit lang als Reporter für die „Arbeiter-Illustrierte-Zeitung".

Das zweite berühmte Bild beruht auf einem Querformat von Abraham Pisarek. Der 1901 bei Lodz geborene Sohn eines Rabbiners wandert 1924 nach Palästina aus und kehrt 1928 nach Deutschland zurück, wo er eine fotografische Ausbildung an der Berliner Kunst- und Gewerbeschule erhält. Mit Dokumentationen des Theaterlebens und der jüdischen Kultur Berlins macht er sich einen Namen – bis die Nationalsozialisten 1933 Berufsverbote erteilen. Von nun an darf er nur noch für jüdische Presseorgane arbeiten. Abraham Pisarek gehört der illegalen Arbeiterfotografengruppe Berlin-Nord an. Seine Ehe mit einer „arischen" Frau rettet ihn 1943 vor der Deportation. Nach Kriegsende arbeitet er als Dolmetscher für die sowjetische Kommandantur in Berlin. Pisareks berühmtes Foto des Handschlags zeigt am rechten Bildrand, direkt neben Grotewohl sitzend, Walter Ulbricht. Die Aufnahme wird erst nach Bearbeitung verbreitet. Zunächst wird nur die vor Ulbricht stehende Tischdekoration wegretuschiert. Später ist der seit 1971 entmachte-

te und nach seinem Tode 1973 im Traditions-
kanon der SED zurückgedrängte Ulbricht
durch Verkleinerung des Bildausschnitts völlig
unsichtbar.

Beide Darstellungen avancieren zu den
zentralen Visualisierungen der SED-Gründung.
In den Printmedien der SBZ und der DDR, in
SED-Schulungsbroschüren ebenso wie bald
auch in Schulbüchern, in Fotobänden und (po-
pulär-)wissenschaftlichen Darstellungen sind
die Aufnahmen von Hensky und Pisarek in zahl-
losen Reproduktionen präsent.

Das Motiv des Händedrucks von Pieck und
Grotewohl findet sich aber auch in der bildenden Kunst. Der Grafiker und Karikaturist Herbert Sandberg schafft von 1956 bis 1965 für
seinen Zyklus „Der Weg" siebzig Aquatinta-

radierungen zur deutschen Geschichte. 1963
greift der Künstler den Handschlag auf dem
Vereinigungsparteitag mit dem Blatt „1946 –
Einheit der Arbeiterklasse" auf. Auch Jürgen
von Woyski wendet sich dem Gegenstand 1971
mit seiner Plastik „Vereinigung" zu. Und selbst
in der Laienkunst, gestickt oder geknüpft in
Wandbehängen, reichen sich Pieck und Grotewohl die Hand.

● **Das Symbol im Foto**
Was Fotos zeigen, gibt es wirklich – dies ist vor
Beginn des digitalen Zeitalters ein allgemein
verbreiteter Glaube. Wird das Detail eines Fotos zum Symbol gemacht, verleiht das fotogra-
fierte Ereignis diesem Symbol eine Qualität, die
anderen Sinnbildern häufig fehlt – nämlich die

*Beständig:
Auch auf dem Fest-
umzug zum 1. Mai
1975 ist das Symbol
prominent vertreten.*

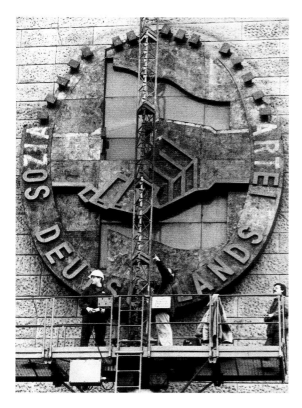

direkte Verbindung zur Wirklichkeit. Auf diese Weise verschaffen die SED-Gründer ihrem Parteizeichen zusätzliches Gewicht. Hinzu kommt, dass das Motiv des Händedrucks im europäischen Kulturkreis positiv konnotiert ist. Das oftmals pathetisch inszenierte Bild der verschränkten Hände steht traditionell für Eintracht und Friedensschluss. Der Handschlag demonstriert gegenseitige Akzeptanz oder gar Freundschaft der Beteiligten, wie auch die beiderseitige Bindung an das Recht oder ausgehandelte und selbst auferlegte Regeln. In gewisser Weise kommuniziert der Händedruck darüber hinaus jene Stärke und Macht, die aus der Bündelung der Kräfte entspringt. Somit ermöglicht die Gestaltung des Emblems, die SED auch mit anderen Zielen als der Parteifusion in Zusammenhang zu bringen. So etwa das Plakat „2. Parteitag der SED vom 20.–24. September 1947 in

Berlin": Es zeigt zwei Arbeiter, die sich gegenüberstehen. Zwischen ihnen liegt – wie auf einer Modelleisenbahnplatte – eine typisierte deutsche Landschaft mit Gebirgen, Wäldern und Industriebetrieben. Über diese hinweg reichen sich die beiden Männer die Hand. Aus der Überschrift fällt ein Lichtstrahl. Er kommt direkt aus den roten Lettern „SED". Sein Licht fällt auf den Handschlag der beiden Arbeiter und lässt ihn aus dem Bild herausstechen. „Für die einheitliche demokratische deutsche Republik", verkündet die Bildunterschrift.

Nachdem die SED in den 1950er Jahren ihre Alleinherrschaft etabliert hat, ist das Symbol des Handschlags allgegenwärtig: Auf Fahnen und Transparenten, auf Briefköpfen und Verlautbarungen der SED, auf Wandzeitungen in Kantinen, Korridoren und Treppenaufgängen, in Werkhallen wie in Versammlungsräumen findet sich der stilisierte Händedruck ebenso wie auf dem Parteiabzeichen am Revers der Führungs- und Fachkräfte der DDR.

Dass die herrschende Gruppe in der DDR ihre Macht schließlich ohne Blutvergießen abgibt und die Revolution von 1989 friedlich bleibt, mag einer der Gründe dafür sein, dass die letzten Verwendungen des SED-Symbols in der DDR vergleichsweise ironisch sind, beispielsweise bei der größten Demonstration im Herbst 1989 auf dem Alexanderplatz. Unter den vielen Transparenten, die das Ende der SED-Diktatur fordern, ist ein Plakat, das den Handschlag des SED-Emblems zur Abschiedsgeste umdeutet: „Tschüß".

„Was Hände bauen, können Hände stürzen": Arbeiter demontieren im Januar 1990 das Parteiemblem.

Am 4. November 1989 fordern rund 500.000 Menschen in Ost-Berlin das Ende der SED-Diktatur.

Silke Satjukow

**Der Aktivist Adolf Hennecke –
Prototyp des sozialistischen
Helden**

Am Mittwoch, dem 13. Oktober 1948, fährt der Kohlehauer Adolf Hennecke eine Stunde früher als gewöhnlich in den Schacht ein. An diesem Tag will der gestandene Kumpel eine historische Tat vollbringen. Die Abbaustelle ist vorbereitet, die Werkzeuge sind gut gefettet, und die Hilfskräfte warten auf Anweisungen. Als Hennecke um die Mittagszeit aus dem Stollen ausfährt, kann er eine Leistung von sagenhaften 387 Prozent der Tagesnorm verkünden. Doch die Gewerkschaftsleitung und seine Kollegen verspäten sich und verpassen somit den Moment seines großen Triumphes, die Ausfahrt aus der Grube. Der erschöpfte Aktivist wartet ein paar Minuten am Schachtausgang, dann wendet er sich den Umkleideräumen zu.

Die Panne wird schnell behoben. Die Partei- und Staatsfunktionäre nebst einem Dutzend Schulkinder überraschen Hennecke in der Dusche. Dieser steigt nochmals in seine staubige Montur, schließlich sollen die nachträglich geschossenen „ersten" Fotos authentisch wirken. Der aufrichtige Arbeitsheld mit seinem Schlaghammer steht geradezu mustergültig für den „neuen Menschen", den die Propaganda seit Gründung der DDR 1949 forciert. So wie Hennecke aus dem rohen und unbearbeiteten Fels schwarzes Gold herausmeißelt, will die Partei den „neuen Menschen" für die neue sozialistische Gesellschaft ausformen.

Adolf Hennecke, mit dem Presslufthammer gewappnet, Held der Arbeit unter Tage: Dieses Foto setzen die Propagandisten immer wieder ein – in den Printmedien und im Fernsehen, auf Plakaten und in Schulbüchern. Dabei handelt es sich in den meisten Fällen um eine bearbeitete Version der Originalaufnahme. Der Fotograf Herbert Hensky hat den hageren Helden ursprünglich im Querformat vor dem Hintergrund großer, schwarz glänzender Grubenwände aufgenommen. Hennecke verschwindet hier förmlich in der Wucht der Kohle. Die offizielle Aufnahme ist an den Seiten so beschnitten, dass der Protagonist in den Bildmittelpunkt rückt. In der entstandenen Enge wirkt sein schmächtiger Körper muskulös, mit dem kraftvollen Hammer

Links:
Adolf Hennecke am
13. Oktober 1948
im Kreis der Kumpel.

Rechts:
Herbert Henskys Foto
vor der Bearbeitung.

Der Aktivist Adolf Hennecke –
Prototyp des sozialistischen Helden

dominiert er den Raum, er bannt den Betrachter, die Kulisse verschwindet.

Mit diesem kanonischen Foto, das Hensky wenige Tage nach der Heldentat aufgenommen hat, tritt die reale Person Hennecke und mit ihm die wirklichen Ereignisse in den Hintergrund. Der eben geborene Held steht nun im grellen Blitzlicht der Medien. Tatsächlich entstammt diese Aktivistentat nicht dem Kopf des Kumpels Adolf Hennecke, vielmehr handelt es sich um einen Propagandaschachzug, den die SED langfristig geplant und akribisch ins Werk gesetzt hat.

● Auf der Suche nach einem „deutschen Stachanow"

Seit einiger Zeit schon versucht die Partei, nach dem Vorbild des sowjetischen Bestarbeiters Alexej Stachanow auch in deutschen Betrieben „sozialistische Wettbewerbe" in Gang zu setzen. Ende 1946 rufen die sowjetischen Besatzer per Dekret das Leistungsprinzip aus, im Juli 1948 vermelden die Verantwortlichen in den sächsischen Steinkohlegruben über 2.000 Aktivisten. Kaum jemand allerdings nimmt zu diesem Zeitpunkt von ihnen Notiz, an der schlechten Arbeitsmoral ändert sich nichts. Die Bergmänner erfüllen gerade einmal die Hälfte der geforderten Normen, sie fahren lieber aufs Land und tauschen dort gestohlene Kohle gegen Lebensmittel. Nicht selten fehlt pro Schicht die Hälfte der Belegschaft. Mit Kohlenklau lässt sich in diesen Monaten besser „Kohle" verdienen als mit schweißtreibender Arbeit. Die Deutsche Wirtschaftskommission (DWK), die „Regierung" der Ostzone, schickt daher namhafte Funktionäre in die sächsischen Gruben, um die Verantwortlichen vor Ort zur Rede zu stellen.

Am 9. Oktober 1948 sitzen die Direktoren des Oelsnitzer Steinkohlenwerks „Gottes Segen" mit Parteifunktionären, Gewerkschaftern sowie Journalisten der von den Besatzern herausgegebenen „Täglichen Rundschau" beisammen, um eine außergewöhnliche „Heldentat" generalstabsmäßig zu planen. Den anwesenden Medienvertretern kommt die Aufgabe zu, die im Geheimen vorbereitete Aktion in eingängige Worte und Bilder zu fassen. Eine hervorragende Leistung und deren Inszenierung, ein propagandistisches Feuerwerk, das darauf zielt, die fehlende Disziplin der Kumpel nachhaltig zu verbessern. An diesem Samstag aber suchen die Funktionäre zunächst einen respektablen Fachmann, der sich als Vorbild für alle Arbeiter eignet. Der „deutsche Stachanow", den sie verpflichten wollen, muss den Beweis erbringen, dass höhere Leistungen mit der nötigen Technik von jedem gewöhnlichen Bergmann zu erbringen sind. Jedermann, heißt die Botschaft, könne allein mit seiner Hände Arbeit zum Helden werden.

„Held der Arbeit": Alexej Stachanow fördert am 31. August 1935 in einer Schicht über hundert Tonnen Kohle. Die KPdSU initiiert daraufhin die Stachanow-Bewegung, um die Arbeitsproduktivität zu steigern.

Als ersten Kandidaten bestellen die Funktionäre den jungen Franz Franik zu sich, der wortkarge Mann der Praxis gilt ihnen als Favorit. Franik hört sich die wohlfeilen Werbeversuche an, lehnt jedoch jede Mithilfe ab. Er befürchtet zu Recht, dass er eine „von oben" angewiesene Sonderschicht seinen Kollegen gegenüber niemals rechtfertigen könne. Da die Zeit knapp wird, rufen die Funktionäre einen zweiten Mann herbei, den erfahrenen Genossen und Arbeitsinstrukteur Adolf Hennecke. Auch Hennecke äußert Bedenken wegen der zu erwartenden Reaktionen der Kollegen. Es dauert eine Weile, bis die Agitatoren den Parteigefährten für ihre Pläne gewinnen können. Schließlich gelingt es ihnen – nicht zuletzt auch mit dem Versprechen, zukünftig ein bequemeres Leben führen zu können.

● **Widersprüchliche Reaktionen**

Was dieser ausgeklügelten Aktivistentat des 13. Oktober 1948 folgt, haben die Funktionäre trotz aller Voraussicht nicht erwartet. Eine Mehrheit seiner Kollegen klagt den Rekordhalter an, es habe bei dessen Schicht unrechtmäßige Vorteilnahmen gegeben: Sowohl der Ort des Abbaus als auch die Werkzeuge seien sorgfältig ausgesucht worden und entsprächen nicht dem, was den gewöhnlichen Kumpel tagtäglich erwarte. Andere sehen in den enormen Ergebnissen dieser Sonderschicht keineswegs eine Glanzleistung, sondern schlichtweg Normbruch und damit Verrat an der Belegschaft. Es kostet die Verantwortlichen und vor allem Hennecke selbst viel Argumentationsgeschick, die Hochleistungsschicht als richtigen, nachahmenswerten Weg zu legitimieren. Schmähbriefe bis hin zu Morddrohungen von obskuren Absendern wie „Die Rächer der Schwarzen Hand" erreichen das unmittelbar nach der Schicht eröffnete „Hennecke-Büro". Unbekannte zünden den neuen Personenkraftwagen der Marke „Adler" vor Henneckes Haus an und schlagen die Scheiben seiner Wohnung ein. Neben Hassattacken finden sich aber auch zahlreiche begeisterte Zuschriften. Viele sehen in Hennecke gleichsam eine Petitionsinstanz des neu begründeten Arbeiter- und Bauernstaates, die

Gegenbilder: Die SED fordert 1948, den anstehenden Halbjahrplan zu erfüllen: Dem Kumpel Hennecke, dessen Bild am Gerüst hängt, steht bedrohlich der Marshall-Plan gegenüber. Die SPD klagt 1953 mit einem Plakat Henneckes Funktion im SED-Staat an.

man unbeschadet anrufen kann. Junge Aufsteiger versuchen, mithilfe von Henneckes Kontakten zur Partei die eigene Karriere voranzutreiben, Schulklassen tragen ihm Patenschaften an oder holen sich bei ihm Rat. Verehrerinnen schreiben ihm glühende Briefe – Offerten, die er gern annimmt. Bis zum Ende seines Lebens besteht Hennecke darauf, seinen Schriftverkehr persönlich zu führen, auch wenn sein Arbeitspensum vor allem in den frühen 1950er Jahren einen solchen Aufwand eigentlich nicht zulässt.

All diese Briefe, Aufsätze, Gedichte und Bilder erreichen Hennecke, als er längst nicht mehr als einfacher Arbeitsinstrukteur in der Zwickauer Grube arbeitet. Schon 1951 beruft ihn das Wirtschaftsministerium nach Ost-Berlin. Einerseits hat er einen solchen Funktionärsposten niemals angestrebt und wäre lieber Lehrausbilder geblieben, andererseits ist er enttäuscht von seinen Kollegen, deren Anfeindungen ihn treffen. Nach einem Nervenzusammenbruch fügt er sich dem Willen der Partei und zieht mitsamt seiner Familie nach Ost-Berlin. Auf Wunsch tritt er nun häufig als Redner auf. Er äußert sich zu Aktivistenfragen ebenso wie zu allgemeinen Kontroversen der Zeit oder zu ethischen Debatten. Mehr und mehr entfernt er sich von den Kumpeln – immer stärker nehmen sie ihn als unantastbaren Helden, Moralinstanz und Monstranz des Sozialismus wahr. Die anfangs noch publizierte Bilderflut reduziert sich bis Ende der 1950er Jahre auf wenige Abbildungen des Helden, zu deren Kern sein eingangs vorgestellter Torso avanciert.

● Hennecke – ein Held?

Nach über zwanzig Jahren als Bergmann soll Hennecke plötzlich zum Redner und Agitator aufsteigen, Schulter an Schulter mit Politikern wie Walter Ulbricht und Wilhelm Pieck. Zwar bereitet er alle Reden akribisch vor, lernt – zumindest am Anfang – Wort für Wort auswendig, das Jonglieren mit Worten bleibt dennoch immer eine Mühsal. Es ist nun nicht mehr der Presslufthammer, der seine Kraft verstärkt, sondern es sind die Mikrofone, durch die seine Reden so gewaltig daherkommen, dass er in ihrem Schatten zu verschwinden droht. Obwohl er sich den

Hennecke-Aktivisten-Konferenz: Plakatankündigung und Tagungsabzeichen.

Kumpeln lange Zeit zugehörig fühlt und bestrebt ist, in ihrem Sinne zu handeln, gehört er irgendwann nicht mehr zu ihnen. Auch das SED-Parteiabzeichen, das er als Symbol der Arbeiterpartei sichtbar trägt, kann die Distanz zwischen ihm und den nachrückenden Arbeitergenerationen nicht verbergen. Im Gegenteil, der blank geputzte Metallanstecker, Markenzeichen der Funktionäre und Agitatoren, weist ihn als Mitglied einer elitären, vom Volk weit entfernten Schicht aus. Er bewegt sich mittlerweile in den höchsten Kreisen, und die Staats- und Parteiführer, welche die Bevölkerung misstrauisch beobachtet, gehören zu seinen Vertrauten. Gerade weil er sich zunehmend bewusst wird, dass er die Nähe zu den Kumpeln verloren hat, will er diese zumindest symbolisch aufrechterhalten. Eine Farce, die beide Seiten durch-

Tag des deutschen Bergmanns, 1959: Otto Grotewohl, Ministerpräsident der DDR, winkt dem Publikum zu. Zu seiner Linken Alois Bräutigam, Mitglied des ZK der SED, Johanna Grotewohl und Adolf Hennecke.

schauen. Als Adolf Hennecke 1968 nach Jahren wieder – ein letztes Mal, wie sich herausstellen wird – vor den Zwickauer Bergarbeitern sprechen soll, fällt es ihm schwer, seine Rede zu verfassen. Das Manuskript, das er nach mehreren Anläufen endlich sauber getippt hat, korrigiert er mehrfach handschriftlich. Die Blätter muten auch nach zwei Jahrzehnten öffentlicher Präsenz wie ein Schlachtfeld an, auf dem er mit großem inneren Aufwand um die richtigen Worte ringt.

Wer nur heute fleißig arbeitet, wird morgen belohnt werden – Adolf Hennecke steht damit für eine der zentralen Kommunikationsabsichten des SED-Regimes in den ersten Jahren nach Gründung der DDR. Die Herrschenden werben für einen bewussten Konsumverzicht in der Gegenwart – zugunsten einer kommenden sozialistischen beziehungsweise kommunistischen Gesellschaft. Der Held der Arbeit soll durch sein Vorbild nicht nur Initiativen beflügeln und Aktivisten motivieren, sondern auch die Einhaltung des Planes anpreisen – und glaubhaft Zeugnis dafür ablegen, dass sich in einer absehbaren Zukunft die Früchte der kollektiven Arbeit in kollektiven Wohlstand verwandeln. Diese konsumpolitischen Losungen sind nicht zuletzt auch ein Reflex auf das Wirtschaftswachstum der Bundesrepublik. Im prosperierenden Westen sind nach der Währungsreform 1948 und insbesondere seit dem „Korea-Boom" 1951 die Regale und Schaufenster gefüllt, und die Modernisierung aller Lebensbereiche, die seit Mitte der 1950er Jahre fortschreitet, bedeutet für den rückständigen Osten eine bedrohliche Herausforderung: Sie wirkt tagtäglich auf die Menschen ein und stellt die Legitimität der DDR infrage. Indem Helden wie Hennecke den Plan übererfüllen, indem sie persönlich

versprechen, dass die produzierten Waren zukünftig auch ihren Produzenten zugutekommen werden, unternehmen sie den Versuch, indirekt eine Antwort auf diesen bundesrepublikanischen Vorsprung zu geben. Sie sind die rechtmäßigen und rechtschaffenen Boten des sozialistischen Paradieses, die Helden zukünftigen Wohlstands – durch einstweilige Genügsamkeit und Anstrengung. Diese Helden des Aufbaus verkörpern überzeugend die Forderung der DDR-Propaganda nach Bescheidenheit.

● Heldengewinne

Grundsätzlich richten sich die Botschaften dieser Gruppe an die gesamte Gesellschaft der DDR. In erster Linie adressieren sie jedoch weder die Jüngsten noch die Ältesten, sondern die Mitglieder der Aufbaugeneration – geboren in der zweiten Hälfte der 1920er bis zur Mitte der 1930er Jahre –, bei denen davon auszugehen ist, dass sie ihre Verstrickung mit dem Nationalsozialismus abgelten wollen. Die Propaganda der 1950er Jahre unternimmt den Versuch, diese Generation für die „sozialistische Sache" zu begeistern. Noch sind die Grenzen zum Westen verhältnismäßig leicht zu überwinden, deshalb ist es entscheidend, diese potenziellen Leistungsträger für die sozialistische Gesellschaft zu umwerben und zu gewinnen. Die Helden der Arbeit sollen die politischen Werbefiguren für diese Generation sein.

Seit den 1960er Jahren verliert diese Kommunikationsstrategie ihre zentrale Bedeu-

tung, dennoch erinnern sich die Menschen bis zum heutigen Tag an den Bergmann Adolf Hennecke, der in einer spektakulären Schicht das Dreifache der Norm erfüllt hat. Wie lässt sich diese langanhaltende Beachtung, ja sogar Bewunderung erklären? Nicht wenige pilgern Ende der 1940er und in den 1950er Jahren zu den öffentlichen Auftritten Adolf Henneckes, weil sie durch die direkte Begegnung hoffen, einen Gewinn davonzutragen. Der einfache Mann, der über Nacht zum gefeierten Helden avancierte, kann sie von der existenziellen Angst befreien, am Ende ihres Lebens ohne Bedeutung gewesen zu sein. Aus dieser emotionalen Bedrängnis lässt sich die Sehnsucht nach einem überindividuellen Leben ableiten, welches das eigene Dasein in ein großes Ganzes integriert und so mit Sinn zu füllen vermag. Dieses Verlangen stillen Helden. Mit realen Personen bekommt das Außergewöhnliche menschliches Profil und Antlitz, das jeder sehen, hören, spüren, greifen und damit begreifen kann. Adolf Hennecke fungierte gleichzeitig als Stellvertreter des Einzelnen und als Repräsentant des Außergewöhnlichen – ein Vermittler zwischen dem eigenen kleinen Leben und der Sehnsucht, an etwas Bedeutendem und Großem teilzuhaben.

„Mut und Heldentum in unserer Zeit":
Adolf Hennecke spricht im Februar 1971 mit Schülern, die sich auf die Jugendweihe vorbereiten.

Bronzestatue (42 x 14 x 16 cm) des Künstlers Ernst Grämer, 1949.

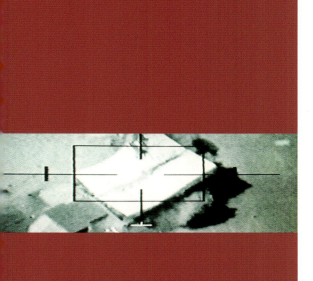

Gerhard Paul

**Die Macht der Bilder
in der Mediengesellschaft**

Demokratie bedarf der Öffentlichkeit und Öffentlichkeit bedarf der Medien. Weil sich der demokratische Diskurs mithilfe der Medien und in den Medien organisiert, unterliegen diese dem Schutz des Grundgesetzes: Es garantiert die Meinungs-, Presse- und Informationsfreiheit, so dass – anders als im Nationalsozialismus oder in der DDR – Bilder frei verbreitet werden können, sofern sie nicht das Grundrecht der Menschenwürde verletzen. Die stehenden Bilder der Fotografie und die bewegten Bilder von Film und Fernsehen prägen die mediale Öffentlichkeit der Bundesrepublik Deutschland.

Verleger und Politiker erkennen den offenen Meinungsmarkt der Bundesrepublik früh als Chance: Die 1950er Jahre markieren eine medien- und bildgeschichtliche Aufbruchphase. Die große Zeit der illustrierten Magazine wie „Der Spiegel", „Stern", „Quick" und „Kristall" bricht an. 1952 erscheint erstmals die „Bild"-Zeitung, die eine für Deutschland neue, oft umstrittene Form des Boulevardjournalismus

und der Bildkommunikation begründet. In den 1960er Jahren setzt sich das Fernsehen als gesellschaftliches Leitmedium durch. Seit 1961 sendet die „Tagesschau", die zuvor dreimal wöchentlich ausgestrahlt wurde, täglich Nachrichten. Bewegte Bilder gehören nun zur medialen Berichterstattung. Sie entscheiden zunehmend darüber, wie Ereignisse wahrgenommen werden und was überhaupt in den politischen Diskurs eingeht. Eine Besonderheit der deutschen Medienlandschaft ist, dass in vielen Teilen der DDR das „Westfernsehen", in der Bundesrepublik immer auch das „Ostfernsehen" empfangen werden kann.

Bilder, vor allem Fotografien und Fernsehbilder, verfügen gegenüber anderen Medien über gewichtige Vorteile, die einen Teil ihrer Macht begründen. Zunächst lässt sich mit ihnen schnell und effektiv Aufmerksamkeit erzielen, ein in der modernen Gesellschaft knappes und daher kostbares Gut. Für viele Menschen haben Bilder darüber hinaus eine natür-

Medieninteresse: Bundeskanzler Konrad Adenauer gibt vor der Bundestagswahl 1953 eine Presseerklärung vor dem Palais Schaumburg.

liche Autorität inne und genießen daher größeres Vertrauen, sie scheinen die Realität objektiv und authentisch, nach einer naturwissenschaftlichen Gesetzmäßigkeit abzubilden. Diesen Eindruck verstärken die Medien zusätzlich: So treten etwa die Nachrichtenbilder des Fernsehens ausdrücklich mit dem Gestus auf, authentisch, neutral und unparteiisch zu sein und die Basisinformationen zum Leben in der Demokratie zu liefern.

Allerdings entfalten Bilder nur selten eine autonome Kraft; in aller Regel sind sie keine eigenständigen Akteure. Sie bedürfen vielmehr eines politischen und gesellschaftlichen Zusammenhangs, in dem sie wirken können. Entscheidend sind ihr politisch-kultureller Kontext und ihr sozialer Gebrauch. Bilder alleine sagen niemals mehr als tausend Worte, wie dies ein populäres Zitat unterstellt. Und: Bilder verlieren ihren Einfluss, wenn sich die Zeiten ändern. Über die Monster der antikommunistischen Wahlkampfwerbung von CDU/CSU/FDP der 1950er Jahre können wir heute nur noch schmunzeln.

● Veränderung der Wahrnehmung

Bilder prägen unsere Wahrnehmung und vermitteln das Gefühl, an den Ereignissen der Gegenwart direkt teilzunehmen. In der „Wochenschau" können die Menschen aus der sicheren Distanz des Kinos auf Krisen- und Kriegsgebiete blicken; Rundfunk und Fernsehen ermöglichen die Teilnahme an großen Sportveranstaltungen; die Jahrhundertattentate vermitteln die Fotografien der Tageszeitungen und illustrierten Magazine. Der Soziologe Niklas Luhmann hat dies in dem Satz zusammengefasst: „Was wir über unsere Gesellschaft, ja über die Welt, in der wir leben, wissen, wissen wir durch die Massen-

medien." In Abwandlung dessen ließe sich sagen: Was wir von unserer Welt wahrnehmen, erfahren wir primär durch die medialen Brillen der Fotografie, des Films, des Fernsehens und neuerdings auch des Internets. Die Wahrnehmung der Menschen hat sich auf diese Weise verändert: Medial vermittelte Erfahrungen treten an die Stelle unmittelbarer Erfahrungen. Kaum jemand ist Konrad Adenauer oder Gerhard Schröder jemals persönlich begegnet, dennoch haben wir ein Bild von ihnen. Kaum jemand war jemals Soldat in Vietnam oder im Irak, dennoch verfügen wir auch von diesen Kriegen über eine mehr oder minder genaue Vorstellung. Auch den Fall der Berliner Mauer dürften die Wenigsten unmittelbar erlebt haben, dennoch haben wir genaue Bilder vor unserem inneren Auge, die diese Ereignisse selektiv und ausschnitthaft in Ikonen verdichten. Nicht aus eigener

Zuschauer drängeln sich während der Fußballweltmeisterschaft 1954 vor den Schaufenstern der Fachgeschäfte.

Millionen verfolgen am 2. Juni 1953 am Bildschirm die Krönung von Elizabeth II.

Anschauung, sondern auf Grundlage der Fernsehbilder des 11. September 2001 haben wir uns ein Urteil über die Gefährlichkeit des islamistischen Terrorismus gebildet. Die Produzenten dieser Bilder tragen daher eine besondere Verantwortung: Medienmacht ist Bildermacht und Bildermacht ist Deutungsmacht.

Nach dem Siegeszug der audiovisuellen Massenmedien und der Beschleunigung der gesellschaftlichen Bildkommunikation scheint der moderne Mensch die Welt tendenziell unmittelbar und global wahrzunehmen. Vor allem die Live-Bilder des Fernsehens suggerieren Unmittelbarkeit gepaart mit der Aura der Augenzeugenschaft. Als Betrachter fühlen wir uns selbst mitten im Geschehen. In der Echtzeitberichterstattung geraten die Inhalte in den Hintergrund. Die Darstellung in Echtzeit und ihre Geschwindigkeit geraten zur eigentlichen Botschaft. Nicht nur die zeitliche Distanz, sondern auch die räumliche Distanz ist in der

Live- beziehungsweise Echtzeitberichterstattung aufgehoben.

Der schmutzige Krieg in Vietnam erreicht als bewegtes Bild in den 1960er Jahren erstmals die Wohnzimmer der Menschen. Das wirkliche Kriegsgeschehen mutiert zum ersten Fernsehkrieg der Geschichte. Der amerikanische Journalist Michael J. Arlen prägt in diesem Zusammenhang die Bezeichnung „living-room war". Mit der simulierten Nähe des Fremden und Fernen und dem Hier und Jetzt der Medienereignisse löst sich der Raum für eigene Erfahrungen und Deutungen auf. Das Gefühl, zeitlich und räumlich unmittelbar am Zeitgeschehen teilzuhaben, fasziniert und lässt für nüchterne, distanziert kritische Reflexion kaum Platz.

In der Live- und Echtzeitberichterstattung des Fernsehens fallen Bild und Ereignis tendenziell zusammen. Das mediale Abbild wird weniger als Bild im eigentlichen Sinne wahrgenommen, sondern eher als ein „Fenster zur Welt" und damit als unmittelbares Zeugnis für das außermediale Geschehen. Das mediale Live-Bild gibt sich als „natürliche Unmittelbarkeit", so der Medientheoretiker Götz Großklaus. Mit den visuellen Medien verwandeln sich auf diese Weise Ereignisse in Medien- beziehungsweise Bildereignisse. Nur so kann ganz Deutschland 1954 die Fußballweltmeisterschaft miterleben, die westliche Welt 1969 an der Mondlandung teilnehmen und 2001 schließlich die ganze Welt dabei sein, als das zweite Flugzeug auf dem Bildschirm in den Südturm der Twin Towers von New York rast.

Weil die meisten Menschen die Teilhabe am Bildereignis als Teilhabe an der außermedialen Realität wahrnehmen, prägt vor allem das Bild des Ereignisses im Fernsehen oder in der Zeitung ihr Verhalten. All dies hat den Status des

Live-Aufnahme: Auf einer Wahlkampfreise wird John F. Kennedy am 22. November 1963 in Dallas Opfer eines Attentats. Jacqueline Kennedy versucht, kurz nachdem die Schüsse ihren Ehemann tödlich verletzt haben, aus dem fahrenden Auto zu steigen.

Sehens verändert. Im Betrachten der Dinge in der Medienwelt fallen Sehen und Reaktion zunehmend zusammen.

● Die visuelle Realität der Massenmedien

Die von den modernen Massenmedien kommunizierten Nachrichten und Bilder erzeugen so eine eigene mediale Realität, die sich von der vor- und außermedialen Wirklichkeit deutlich unterscheidet. Ereignisse verdichten sich in ihr unter anderem in Bildikonen der Fotografie oder in ikonischen Bildclustern des Fernsehens. Diese bestimmen dann unsere Deutung der Welt und darüber unser Handeln.

Diese Medienrealität vollzieht sich auf der zweidimensionalen Fläche; Plakatfläche, Fotografie in der Zeitschrift, Kinoleinwand und Bildschirm avancieren zu eigenständigen Handlungsräumen der Politik, die besonderen Gesetzmäßigkeiten und Konventionen der bildenden und der darstellenden Kunst – Malerei und Theater – beziehungsweise der Techniken und Formate der reproduzierenden Medien unterliegen. Die Folge: Mit dem Siegeszug der Bildmedien verlagert sich der politische und gesell-schaftliche Diskurs zunehmend auf die Ebene der zweiten Realität der stehenden und laufenden Bilder. Ästhetische Fragen sind hier tendenziell wichtiger als die Inhalte des Diskurses.

Wo sich Realität nicht oder nur unkontrolliert abbilden lässt oder die Abbildung nicht dem gewünschten Bild entspricht, hilft die moderne Mediengesellschaft nach. So besitzen wir de facto keine Garantie, dass mediale Abbildungen tatsächlich der Realität entsprechen. Denn auch in der Demokratie ist es nicht unüblich, Bilder zu beschneiden, mit dem Retuschierpinsel zu bearbeiten, sie mit einer Beschreibung zu versehen, die mit dem Bildinhalt wenig oder nichts zu tun hat, oder im digitalen Zeitalter mit Bildbearbeitungsprogrammen zu verändern. Ein Beispiel hierfür ist die berühmte Aufnahme des Fotografen Nick Ut aus dem Vietnamkrieg, die ein von Napalm verbranntes Mädchen zeigt. Anders als die Betrachter vermuten, ist der ursprüngliche Abzug beschnitten und retuschiert. Und anders als Zeitungen und Magazine bis heute berichten, ist das Mädchen kein Opfer eines amerikanischen Napalmangriffs, dies schreiben ihr erst spätere Bildlegenden und Filmberichte zu. Tatsächlich entsteht das Bild

Links:
Nick Ut nimmt am 8. Juni 1972 in Trang Bang ein Foto auf. In bearbeiteter Form entwickelt es sich zur Ikone des Vietnamkriegs.

Rechts:
Der südvietnamesische Polizeichef Nguyen Ngoc Loan erschießt am 1. Februar 1968 einen Gefangenen vor laufender Kamera. An den Seiten beschnitten und so die Hinrichtung fokussierend wird Eddie Adams' Foto weltberühmt.

„Elefantenrunde":
Seit 1965 sollen Gesprächs-
runden von Politikern im
Fernsehen die Bürger
informieren. Vor der
Bundestagswahl 1976
diskutieren Bundeskanzler
Helmut Schmidt (SPD),
der CDU-Kanzlerkandidat
Helmut Kohl, der FDP-
Bundesvorsitzende Hans-
Dietrich Genscher und der
CSU-Vorsitzende Franz
Josef Strauß (von links
nach rechts).

1972, als die US-amerikanischen Truppen bereits im Abzug begriffen sind. Die Verbrennungen des Mädchens verursacht der Napalmangriff einer südvietnamesischen Einheit. Auch die auf dem Bild zu sehenden Männer sind Südvietnamesen, größtenteils Reporter in Uniform. Beschnitten, später in der Regel falsch kommentiert und seines tatsächlichen Kontextes beraubt, entwickelt sich das Foto zur Kriegsikone des 20. Jahrhunderts. Als solche bekräftigt es die internationale Protestbewegung gegen den Vietnamkrieg und erzeugt eine eigene Realität, die Millionen Menschen als authentisches Abbild des Vietnamkriegs im Gedächtnis speichern.

Die mediale Realität wirkt durch die Anwesenheit von Fotografen und Kameraleuten auf das außermediale Geschehen zurück. Menschen agieren vor laufenden Kameras wie Schauspieler und inszenieren auf diese Weise eine eigene Realität für die Medien. In Einzelfällen vermag die Gegenwart von Medienvertretern die Erzeugung von Bildereignissen eigens für die Kamera und damit für das

Zuschauerauge zu provozieren. Die Exekution eines Gefangenen durch den Polizeichef von Saigon auf offener Straße im Jahr 1968 zählt zu den bekanntesten Beispielen: In Profil- und Frontalansicht aufgenommen, zeigt dieses Ereignis auf drastische Weise die mediengerechte Inszenierung vor laufenden Fernsehkameras, den Tod „for camera only".

Mitunter verwischen die Ebenen der medialen und außermedialen Realität. Mit dem beschnittenen und retuschierten Foto reist Kim Phuc als Opfer eines amerikanischen Napalmangriffs um die Welt; sie hat – vermutlich unbewusst – die Bildlegende zu ihrer eigenen Wirklichkeit gemacht. Soldaten berichten immer wieder, dass sie bei Kampfeinsätzen gar nicht mehr wissen, ob sie sich im Film oder im wirklichen Leben befinden. Ähnliches schildern Augenzeugen der Anschläge auf das World Trade Center. Auch viele Menschen an den Bildschirmen halten die Ereignisse des 11. September 2001 zunächst für einen spannenden Action-Thriller.

● Ökonomien der Aufmerksamkeit

Marktgesetze und Quoten entscheiden, was in der visuellen Realität der Medien Aufmerksamkeit und damit Abbildung und Verbreitung findet. Bilder sind in erster Linie Waren, mit denen Geld verdient wird. Redaktionen und Agenturen entscheiden darüber, welche Bilder publiziert werden und damit in den gesellschaftlichen und politischen Diskursen eingehen oder sich diesem entziehen.

Tageszeitungen, Magazine und Fernsehsendungen können sich auf dem hart umkämpften Markt nur behaupten, wenn ihre Produktionen einen Neuigkeitswert besitzen, aus der Monotonie der Bilderflut herausragen und optisch wirkungsvoll sind. In den Massenmedien dominieren daher Aktualität, Sensation und spektakuläre Ästhetik über Inhalte und vielfach auch über Moral. Deutlichster Ausdruck des Warencharakters des Bildes ist das „Paparazzi"- oder Skandal-Foto, das gezielt die Intimsphäre von Prominenten verletzt. Der Fall des schleswig-holsteinischen Ministerpräsidenten Uwe Barschel zeigt, dass manche selbst vor der Ablichtung von Toten nicht zurückschrecken. Andere Themen und Ereignisse entziehen sich der Aufmerksamkeit der Medien und damit den Zuschauern, vor allem dann, wenn sie nicht mit spektakulären Bildern verbunden sind. Und schließlich gibt es auch in der modernen Medienwelt noch immer Ereignisse, die der Zensur unterliegen und keine authentischen Bilder finden. Trotz Glasnost war dies 1986 bei der Katastrophe von Tschernobyl der Fall.

In dem Maße, wie die Bürger mit Bildern überschwemmt werden, erlahmt ihre Aufmerksamkeit. Nur jene Bilder haben überhaupt eine Chance, in der medialen Realität Berücksichtigung zu finden, die in der Lage sind, Aufmerksamkeit zu wecken. Um dies auf den zweidimensionalen Flächen des Bildschirms oder der Magazinfotos zu erreichen, kommen vor allem Körpersprachen und Handlungsformen, wie sie die bildende und die darstellende Kunst kennen, zum Einsatz. Hierzu zählen unter anderem der Kniefall von Willy Brandt in Warschau 1970, die Vereidigung des ersten grünen Ministers in Wiesbaden 1985 oder ein Jahr später der Händedruck zwischen Helmut Kohl und François Mitterrand auf den Schlachtfeldern des Ersten Weltkriegs. Auch erfolgreich praktizierte Strategien der Produktwerbung werden immer wieder genutzt. Bilder können zudem mit Aufmerksamkeit rechnen, wenn sie – wie

Am 25. August und am 8. September 2002 sendet das deutsche Fernsehen erstmals TV-Duelle, in denen der Bundeskanzler und der gegnerische Kanzlerkandidat debattieren. „Bild" lässt die Leser am 26. August über die erste Runde entscheiden.

Medienspektakel: ARD, ZDF, Sat.1 und RTL richten am 4. September 2005 ein Fernsehduell zwischen Gerhard Schröder und Angela Merkel aus.

DER Lifestyle-KANZLER

Über gute Politik läßt sich streiten, über guten Geschmack nicht. In diesem Punkt fällt die Regierungsbilanz von Gerhard Schröder makellos aus: Er ist der Lifestyle-Kanzler. Mit ihm ist auch die Mode an die Macht gekommen. Die deutsche Politik sah lange nicht mehr so gut aus wie heute

G e r h a r d S c h r ö d e r
fotografiert von Peter Lindbergh

Stilfrage: Die Zeitschrift „Life & Style" kürt Gerhard Schröder im April 1999 zum „Lifestyle-Kanzler".

das Foto des tödlich getroffenen Studenten Benno Ohnesorg in den Armen einer Kommilitonin – an fest verwurzelte Pathosformeln etwa aus der christlichen Bildsprache anknüpfen. Heute bedarf es immer spektakulärer und gewalttätiger Ausdrucksformen, um Aufmerksamkeit zu erzielen.

● Demokratie – Mediokratie – Visiokratie

Um in der modernen Mediengesellschaft präsent zu sein, ist es geradezu erforderlich, sich in der medialen Realität zu inszenieren, den Gesetzen der Aufmerksamkeitsökonomie zu folgen und entsprechend suggestive Bilder zu produzieren. In der Bundesrepublik wagt sich die Politik anfangs nur langsam an die Bilder und ihre Medien heran, zu sehr hat die nationalsozialistische Propaganda diese als Feindbilder oder Inszenierungen der „Volksgemeinschaft" und des „Führertums" missbraucht. Die Politiker wollen rational durch Argumente statt

Am 1. Dezember 2003 applaudiert der CDU-Vorstand auf dem Parteitag in Leipzig seiner Vorsitzenden Angela Merkel. Nicole Maskus gewinnt mit diesem Foto den ersten Preis des Wettbewerbs „Rückblende 2003".

emotional durch Bilder überzeugen und sich hierdurch zugleich von der DDR abgrenzen, die Bilder weiterhin propagandistisch einsetzt.

Mit dem Aufstieg der illustrierten Magazine und des Fernsehens lässt sich die Politik jedoch schon bald auf die Gesetze der Mediengesellschaft ein. Alle Bundeskanzler sind in diesem Sinne Medienkanzler, die ihr Erscheinungsbild in der Öffentlichkeit präzise kalkulieren. Konrad Adenauer lässt sich im Kreise seiner Familie und mit Kirchenvertretern ablichten; Willy Brandt gibt sich wie zuvor John F. Kennedy als Hoffnungsträger; Gerhard Schröder entdeckt die Showbranche und die Lifestyle-Magazine; Angela Merkel nutzt wie ihre Vorgänger die Erfahrungen von PR-Beratern und führt eine strenge Bildkontrolle im Kanzleramt ein.

Das Fernsehen entwickelt sich dabei zum bedeutendsten Medium der Vermittlung und Selbstdarstellung der Politik. Seit den 1980er Jahren beginnen sich Politik und Show zu einem neuen Kommunikationsverbund zu verschränken: Showelemente ziehen in die Politik ein, Politiker treten in Showsendungen auf. Der

Medienwissenschaftler Andreas Dörner hat dies als „Politainment" bezeichnet. Politische Ereignisse werden verstärkt vor und für die Kameras inszeniert. Der politische Stil verändert sich, so dass Medienkritiker gar von einer Mediokratie sprechen. Damit bezeichnen sie die Verwandlung der Demokratie in eine von den Medien gelenkte Politik. Der politische Diskurs, so die These, finde nicht nur in den Bildschirmmedien statt, sondern folge auch deren Gesetzmäßigkeiten. Die Politik bedient sich zunehmend der Mechanismen der Produktwerbung, die in der Regel nicht informieren, sondern mit Bildern emotionale Anreize schaffen will. Mediale Politikdarstellung und tatsächlicher Politikvollzug finden im Politainment getrennt voneinander statt. Symbolische Scheinpolitik, mediengerechte Theatralisierung oder reine Imagepolitik reduzieren Politik dabei auf die „Inszenierungsoberfläche". Im „System Schröder" und in den Talkshows à la Sabine Christiansen hat die Ersetzung von Politik durch mediale Repräsentation ihre höchste Ausprägung gefunden. Bilder bestimmen heute den politischen Diskurs und das politische Handeln. Das richtige Image entscheidet über Wahlen. Globale Bildereignisse haben wirtschaftliche

Folgen. Die Verselbstständigung der Bilder ist kaum zu korrigieren. Demokratie droht zur Visiokratie zu werden. Deren Kontrolle und Machtbegrenzung konnten die Väter und Mütter des Grundgesetzes noch nicht im Blick haben.

● Bilder als Waffen

Bilder sind schon seit Langem publizistische Waffen, mit denen Gegner diskriminiert und zu Feinden erklärt werden. In den globalen Bilderwelten des ausgehenden 20. und des beginnenden 21. Jahrhunderts fungieren sie als Mittel, um Kriegseinsätze zu legitimieren. So präsentiert Bundesverteidigungsminister Rudolf

„Big Brother": FDP-Generalsekretär Guido Westerwelle besucht 2001 die Teilnehmer der zweiten Sendestaffel im Fernsehcontainer.

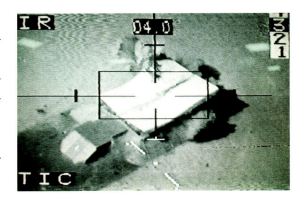

Aus Kampfflugzeugen aufgenommene Infrarotbilder sollen im zweiten Golfkrieg 1990/91 zielgenaue Angriffe ermöglichen. Fernsehbilder vermitteln den Eindruck direkter Augenzeugenschaft.

Scharping bei der Pressekonferenz am 27. April 1999 Fotos von Leichenfunden, die serbische Gewaltverbrechen an Zivilisten bezeugen sollen, um die NATO-Intervention im Kosovo zu rechtfertigen. „Deshalb führen wir Krieg", titelt die Boulevardpresse am nächsten Tag. Zu diesem Zeitpunkt ist dem Bundesverteidigungsministerium bereits bekannt, dass die Fotos nicht das Geschehen zeigen, das der Minister öffentlich als Beweis angeführt hat. Auch die PowerPoint-Präsentation, mit der US-Außenminister Colin Powell 2003 den geplanten Militäreinsatz der USA gegen den Irak vor den Vereinten Nationen legitimiert, stellt sich im Nachhinein als gefälscht heraus.

Die Erzeugung von Bildereignissen eigens für die globale Medienberichterstattung ist gegenwärtig die höchste Form des Bilderkriegs. Vor allem der moderne Terrorismus bedient sich der energetischen Kraft von Bildern, die „ebenso wirksam ist wie der Waffengebrauch oder die Lenkung von Geldströmen. Wir sehen gegenwärtig Bilder, die Geschichte nicht abbilden, sondern sie erzeugen", so der Kunsthistoriker Horst Bredekamp. Der Zweck des Enthauptens in islamistischen Erpresservideos etwa

Rudolf Scharping führt bei einer Pressekonferenz 1999 vermeintliche Beweise an.

sei längst nicht mehr die Tötung eines Gefangenen, sondern der Bildakt, der die Augen des Rezipienten erreiche. Das Ereignis selbst ist dabei nur als „Bild-Ereignis" von Bedeutung. Dieses anzuschauen wird dabei zu einem Akt der Beteiligung: Aus den Betrachtern werden virtuelle Komplizen.

● Bilder als Korrektiv

In pluralistischen Gesellschaften und im Zeitalter der globalen digitalen Kommunikation finden Bildproduktion und -gebrauch nie nur seitens der Markt und Politik beherrschenden Bildagenturen und Medien statt. Seit den 1960er Jahren erkennen in der Bundesrepublik Deutschland auch Bürger- und Oppositionsbewegungen – wie zunächst die Studentenbewegung, später die Partei der Grünen – die Macht der Bilder im politischen Prozess. Diese Entwicklung erhält durch die amerikanische Protestbewegung gegen den Vietnamkrieg einen entscheidenden Impuls: 1969 geraten, wenn auch verspätet, die Bilder vom Massaker amerikanischer Soldaten an der Zivilbevölkerung des vietnamesischen Dorfes My Lai ans Licht der Öffentlichkeit. Sie vermitteln eine Vorstellung von der Grausamkeit dieses Krieges und verstärken den inzwischen die Grenzen der USA überschreitenden Protest. Bildmedien und Bilder können darüber hinaus Schutzfunktionen erfüllen: Solange 1989 in Peking die internationale Presse zugegen ist, wagt das chinesische Militär nicht, die Demonstranten zu attackieren. Das Massaker auf dem Platz des Himmlischen Friedens findet erst statt, als die Kameras ausgeschaltet sind. Vermutlich wäre die friedliche Revolution in der DDR im selben Jahr ohne das Grenzen überstrahlende Fernsehen nicht möglich gewesen. Fernsehberichte popularisierten den Protest und vermittelten den Demonstranten Selbstbewusstsein und Stärke.

Auch die Ausstellung „Verbrechen der Wehrmacht. Dimensionen des Vernichtungskrieges 1941–1944", die 1995 in Hamburg eröffnet und bis 1999 in über dreißig Städten in Deutschland und Österreich präsentiert wird, verdeutlicht die Macht von Bildern. Ihre Zusammenstellung einiger Hundert bislang tabuisierter Fotos einfacher Soldaten und professioneller Propagandafotografen löst einen gesellschaftlichen Diskurs über die Rolle der Wehrmacht im Zweiten Weltkrieg aus, wie ihn die Bundesrepublik bis dato nicht erlebt hat. Obwohl die Beteiligung der Wehrmacht am Vernichtungskrieg in der Wissenschaft längst bekannt war, entfachen die Objektivität und Augenzeugenschaft suggerierenden Fotografien eine landesweite Kontroverse und korrigieren folgenreich das Bild der „sauberen Wehrmacht". Im Nachhinein stellt sich heraus, dass einige Bilder falsch zugeordnet waren oder missverständliche Kommentare enthielten. Dies führt zu weiteren Debatten, die eine Überarbeitung der Ausstellung zur Folge haben.

Erst jüngst haben die digitalen Amateurfotografien aus dem Gefängnis von Abu Ghraib die Macht von Bildern demonstriert und gezeigt, dass es im Zeitalter digitaler Bildkommunikation kaum mehr möglich ist, einmal gemachte Bilder unter Verschluss zu halten. Die Fotos entwickelten sich innerhalb kürzester Zeit zu Ikonen des Protests und der Anklage.

Zwar werden im digitalen Zeitalter Bilder wie nie zuvor bearbeitet, gleichwohl fallen Bildmanipulationen schwerer denn je. Medienkritische Blogs decken oft schon wenige Stunden, nachdem ein Foto im World Wide Web zirkuliert, Manipulationen auf oder konterkarieren die Sichtweisen der Mainstreammedien mit gegenläufigen Perspektiven.

Bilder können eine Macht nur deshalb entfalten, weil die Fähigkeit der Betrachter, sie kritisch zu lesen, nicht in dem Maße wächst, wie sich die Demokratie zur Mediokratie und diese zur Visiokratie verändert. Nur mithilfe einer kritischen Sehverstehenskompetenz werden wir zukünftig in der Lage sein, die Kommunikationsstrategien von Bildern und deren geheime Botschaften zu enthüllen, ihren Wahrheitsgehalt zu überprüfen und Feindbilder zu dechiffrieren. Gegebenenfalls muss auch einmal darauf verzichtet werden, Bilder zu publizieren und auszustrahlen.

Im Juli 2008 geht ein Foto iranischer Raketentests (links) um die Welt, das sich als eine Montage erweist. Das Original (rechts) zeigt eine nicht funktionierende Rakete. Die identischen Staubwolken am Boden decken die Fälschung auf.

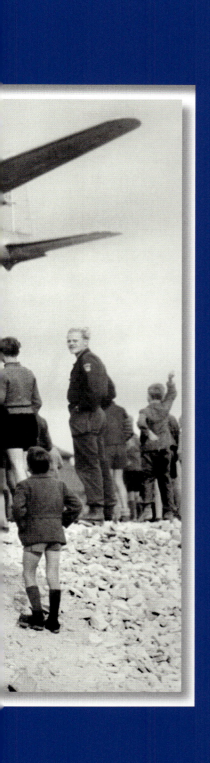

Frank Bösch

Die „Rosinenbomber" –
Ikonen der Westintegration

Im Jahr 1948 hält der Fotograf Henry Ries während der Berliner Blockade ein Foto fest, das heute in kaum einem Schulbuch, Illustriertenbericht oder Museum zur Nachkriegszeit fehlt. Es zeigt vornehmlich Kinder und Jugendliche auf einem Trümmerberg, die einem amerikanischen „Rosinenbomber" zuwinken. Das Bild ist aus der Untersicht aufgenommen. Dadurch wirkt die Kindergruppe dynamisch zum Flugzeug hin gruppiert, sie strebt der Maschine förmlich entgegen. Die Trümmer scheinen geradezu eine Brücke zum Flugzeug zu bilden. Die Blicke der rückwärts gewandten Kinder sind mit dem des Fotografen und damit zugleich des Betrachters identisch. Die faszinierten Kinder bleiben so zwar gesichtslos, bieten dafür dem Zuschauer, der ihren Blicken folgen kann, ein gutes Identifikationsangebot.

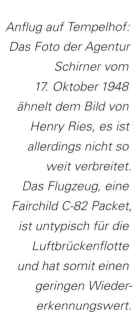

Der Fotograf Henry Ries in Berlin, 1946.

● Vereinigung von Gegensätzen

Die Aufnahme gilt heute als Ikone der Westintegration und Symbol für den Übergang zwischen Krieg, Besatzungszeit und der entstehenden Bundesrepublik. Die Stärke des Fotos besteht zunächst darin, dass es Gegensätzliches vereint und so ein interessantes Spannungsverhältnis aufbaut. Die alliierten Flieger, die gerade noch Gefahr und Zerstörung bedeuteten und eben jene Trümmer verursachten, auf denen die Kinder stehen, werden nun bejubelt. Diese Begeisterung lässt sich als neue Freundschaft zwischen den Westdeutschen und den westlichen Siegermächten interpretieren, aber auch als Ausdruck der Not, da die Flugzeugladungen den Kindern vor allem Lebensmittel versprechen. Das Bild zeigt die Alliierten damit einer-

Anflug auf Tempelhof: Das Foto der Agentur Schirner vom 17. Oktober 1948 ähnelt dem Bild von Henry Ries, es ist allerdings nicht so weit verbreitet. Das Flugzeug, eine Fairchild C-82 Packet, ist untypisch für die Luftbrückenflotte und hat somit einen geringen Wiedererkennungswert.

seits als schützende Helfer, andererseits eröffnet es die kritische Lesart, die USA würden sich die Begeisterung aus einer Notlage erkaufen, die ihre Bomber mitverschuldet haben.

Für den Erfolg des Bildes sind dabei die Kinderblicke bedeutsam. Sie suggerieren dem amerikanischen Betrachter, dass die Hilfsaktion für die Deutschen nicht ehemaligen Nationalsozialisten und Kriegsgegnern gilt, sondern unschuldigen Kindern. Damit erscheinen die Deutschen als Opfer, nicht als mutmaßliche Täter, was wiederum die bundesdeutsche Rezeption gefördert haben dürfte. Zudem verweist das Motiv auf die weltanschauliche Ausrichtung der jungen Generation: Sie wendet sich nach Amerika und kehrt dem übersteigerten Nationalismus den Rücken. Der Kinderblick auf das Flugzeug ist damit ein Blick in die Zukunft,

während die Vergangenheit entkonkretisiert nur noch als Schutt unter ihren Füßen erscheint.

Ries' Bilder der Luftbrücke lassen zugleich eine weitere Bedeutungsebene erkennen: Die Trümmerjahre waren für viele Kinder trotz aller Entbehrungen ein Abenteuer. Dazu gehörten das Klettern auf dem Bauschutt, das Ergattern von Nahrungsmitteln und die Freiheiten, die sich aus der Zerstörung der gewohnten Alltagswelt ergaben. Die Fotos rufen derartige Erinnerungen wach, zu denen auch die Begeisterung für Flugzeuge und Piloten zählen; nicht zuletzt deshalb sind vornehmlich Jungen zu erkennen, die allgemein von militärischer Technik fasziniert sind. Das Bild des „Rosinenbombers" lebt wie die Geschichte der Luftbrücke insgesamt von dieser heute nostalgisch anmutenden Technikbegeisterung und -ästhetisierung.

Spielerisch:
Kinder stellen die
Luftbrücke mit
Modellen nach.

Das Foto zeigt gut erkennbar eine viermotorige Douglas C-54 Skymaster, das Modell, das die meisten Einsätze während der Berliner Blockade flog. Um welchen Flug es sich handelt, ist ebenso unbekannt wie das genaue Entstehungsdatum. Die Kleidung der Kinder lässt auf den Sommer oder frühen Herbst 1948 schließen. Die Häuser, die im Hintergrund zu sehen sind, verweisen klar auf den Ostrand des Berliner Flugplatzes Tempelhof, auf dem die meisten „Rosinenbomber" landen. Die Kinder warten hier vor allem auf jene Maschinen, die Süßigkeitenpäckchen an kleinen selbst gebastelten Fallschirmen aus Taschentüchern abwerfen. Gail Halvorsen, Pilot der amerikanischen Luftwaffe, beginnt damit am 20. Juli 1948. Daraufhin kommt es bei seinen Landungen zu Kinderaufläufen, die wiederum die Aufmerksamkeit der Pressefotografen erregen. Er entwickelt sich zum Vorbild für andere Piloten, die ebenfalls Süßigkeiten für Kinder abwerfen. Halvorsen personalisiert somit schnell die neue amerikanisch-deutsche Freundschaft, die Ries' Foto aus der Kinderperspektive einfängt.

„Candy-Bomber": Gail Halvorsen, Pilot der amerikanischen Luftwaffe, wirft 1948 auf dem Flughafen Tempelhof Süßigkeiten aus einem Transportflugzeug.

● Ein deutsch-amerikanischer Blick

Die Biografie des Fotografen, der 1917 als Heinz Ries in Berlin geboren wird, erhellt die Komposition seiner Bilder und ihren Erfolg. Er wächst in Berlin-Charlottenburg auf und kennt die Stadt daher bestens. Dies mag erklären, warum seine Bilder generell eine besondere Nähe, Mitgefühl und nostalgische Trauer um das zerstörte Berlin andeuten.

Zugleich zeigen seine Fotos den Blick eines Amerikaners, der freundschaftlich auf die eigenen Truppen blickt. Aufgrund seiner jüdischen Herkunft flieht Ries 1937 in die USA und beginnt im Jahr darauf in New York eine Fotografenausbildung. Im Zweiten Weltkrieg wird er im amerikanischen „Army Air Corps" in Asien eingesetzt, wobei er als offizieller Fotograf seiner Einheit in Indien stationiert ist. Bei der Besetzung Berlins 1945 ist er zunächst als Übersetzer eingeteilt, beginnt aber zugleich, das Berlin der Nachkriegszeit zu fotografieren. Seit 1946 dokumentiert er mit der Kamera Nachkriegseindrücke in ganz Europa: zunächst für den „OMGUS Oberserver", eine Illustrierte der amerikanischen Militärregierung in Berlin, ab 1947 für die „New York Times". Dass Letztere zu den internationalen Leitmedien zählt, sichert seinen Fotos weltweit Aufmerksamkeit. Im Vergleich zu seinen deutschen Kollegen hat der amerikanische Fotograf Ries zudem eine deutlich größere Bewegungsfreiheit. Gerade während der Luftbrücke kann er recht ungehindert Maschinen und Truppen fotografieren.

Als deutsch-amerikanischer Fotograf der „New York Times" hat Ries beste Voraussetzungen, prominente Bilder der Besatzungszeit zu schießen. Zu den zentralen Motiven seiner Berliner Fotos zählen dabei neben den US-Truppen und ihrer Technik generell Kinder und Frauen, auch Trümmer zeigt er immer wieder. Diese Bilder präsentieren die Deutschen generell eher als Opfer und vom Nationalsozialismus Befreite denn als Täter.

● Die Berlin-Blockade

Ries ist 1948 bei der Blockade Berlins durch die Sowjets der richtige Mann am richtigen Ort. Für die Weltöffentlichkeit wird die Stadt

Wir möchten der SED nur einen Rat geben: Wenn sie ein neues Symbol braucht, bitte, nicht den Druck der Hände, sondern die Handschellen, die sie den Berlinern anlegte. Die Handschellen, die sind in Wirklichkeit das Symbol dieser erbärmlichen Kümmerlinge, die für dreißig Silberlinge sich selbst und ihr Volk an eine fremde Macht verkaufen wollen. [...] Ihr Völker der Welt, ihr Völker in Amerika, in England, in Frankreich, in Italien! Schaut auf diese Stadt und erkennt, daß ihr diese Stadt und dieses Volk nicht preisgeben dürft und nicht preisgeben könnt! Es gibt nur eine Möglichkeit für uns alle: gemeinsam so lange zusammenzustehen, [...] bis dieser Kampf endlich durch den Sieg über die Macht der Finsternis besiegelt ist. [...] Völker der Welt, schaut auf Berlin! Und Volk von Berlin, sei dessen gewiß, diesen Kampf, den wollen, diesen Kampf, den werden wir gewinnen!

Quelle: Hans Hirschfeld, Hans Reichhardt (Hgg.), Ernst Reuter.
Schriften – Reden. Dritter Band: Artikel, Briefe, Reden, 1946 bis 1949, Berlin 1974

„Völker der Welt":
Blick vom Reichstags-
gebäude auf mehr als
300.000 Berliner, die
Ernst Reuters Rede
verfolgen.

Transportflugzeuge der US-Luftwaffe stehen auf dem Flughafen Tempelhof zum Ausladen bereit.

Versorgung aus der Luft: Die Grafik aus dem Jahr 1948 zeigt die drei Luftkorridore, welche den Flugverkehr während der Blockade regeln.

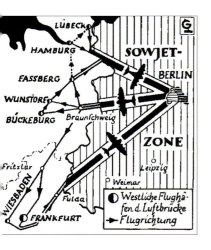

zum Brennpunkt eines globalen Konflikts, und damit wächst die Bedeutung seiner Fotografien. Die sowjetischen Expansionsbemühungen und der Marshall-Plan haben zuvor die ohnehin bestehende weltanschauliche Spaltung der Welt verschärft. Die im Westen eingeleitete Währungsreform nehmen die Sowjets zum Anlass für ihre Blockade. Nun kann die Welt in Berlin verfolgen, wie der Kalte Krieg ausbricht, eskaliert und möglicherweise in einen „heißen" Krieg mit Kampfhandlungen zu münden droht.

Bereits seit Anfang 1948 hat die sowjetische Militärverwaltung mehrfach den Zugang nach Berlin erschwert. Am 24. Juni 1948 stellt sie schließlich aufgrund angeblicher „technischer Schwierigkeiten" den Verkehr von und nach Berlin ein. Ebenso kappt sie den Strom aus der sowjetischen Zone, um den Westen unter Druck zu setzen. Damit sind 2,1 Millionen West-Berliner ohne Energie- und Lebensmittelversorgung von außen.

Bereits am 26. Juni 1948 landen die ersten amerikanischen Versorgungsflugzeuge in Ber-

lin. Die bekannten Fotos der Berlin-Blockade lassen leicht vergessen, dass sich auch britische Maschinen an der Luftbrücke beteiligen, wenn auch in geringerem Umfang. In einer logistischen Meisterleistung verfrachten die Flugzeuge bis Ende 1949 im Minutentakt rund 2,3 Millionen Tonnen Güter. Der liebevolle Begriff „Rosinenbomber" umschreibt ihre Fracht nur sehr ungenau. Sie bringen neben Lebensmitteln insbesondere Kohlen, Benzin, Papier und Maschinenzubehör, das die Industrie und Technik in Berlin aufrechterhält. Um Gewicht zu sparen, liefern sie Fertig- und Trockenkost: Kartoffeln, Eier oder Milch erreichen die Berliner vor allem in Pulverform, Gemüse und Obst getrocknet oder als Vitamintabletten und Fleisch komprimiert in Dosen. Die Bedeutung der Luftbrücke reicht damit, anders als es Ries' Foto suggerieren mag, weit über die Lebensmittelversorgung der Kinder hinaus. Symbolisch, politisch und materiell verwandeln sich durch die Luftbrücke die westlichen Siegermächte in Schutzmächte.

● Tradierung eines Fotos

Ries' Fotografien von der Luftbrücke erscheinen zunächst in der „New York Times". Die Bilder konkurrieren freilich mit zahlreichen anderen visuellen Erinnerungsangeboten. Neben den Illustrierten zeigen die Wochenschauen im Kino kontinuierlich die Versorgung aus der Luft. Die DDR hingegen berichtet zunächst gar nicht. Später unterstellt die SED-Propaganda, die Luftbrücke demontiere Berlin, statt die Stadt zu versorgen.

Dass gerade Ries' Bilder nicht in Vergessenheit geraten, liegt zunächst an frühzeitig organisierten Ausstellungen. Anfang 1949 zeigt das Office of Military Government Berlin Sector

(OMGBS) – die Militärverwaltung des amerikanischen Sektors von Berlin – seine Bilder im Berliner Titania-Palast. Laut einer Befragung zählen die Aufnahmen der „Rosinenbomber" allerdings noch nicht zu den beliebtesten Ausstellungsstücken. Die rund 26.000 Besucher favorisieren Fotos zum Umgang mit der Stromsperre und Bilder von Demonstrationen gegen die sowjetische Politik – vermutlich, da diese den Deutschen eine aktive Rolle bei der Bewältigung der Krise zuschreiben. Bereits im Mai 1949 kann Ries seine Fotos aus Berlin in einer Ausstellung der New Yorker Public Library zeigen, die im Anschluss in den USA wandert. Im Jahr darauf veröffentlicht er unter dem Titel „German Faces" viele seiner Berliner Bilder, die in Amerika einen Eindruck von der Not in Berlin und Europa vermitteln. Mit „German Faces" wird Ries als Fotograf berühmt. Das Bild von den winkenden Kindern findet sich jedoch in diesem Band noch nicht.

Obgleich sich die Westintegration bereits in der Ära Adenauer vollzieht, erlangen Ries' Bilder vielmehr erst seit den 1970er Jahren schrittweise größere Bedeutung in Deutschland. Generell fällt auf, dass die Erinnerung an die Berliner Luftbrücke zuvor zwar gelegentlich aufblitzt – wie während des Berlin-Besuchs des amerikanischen Präsidenten John F. Kennedy im Juni 1963 –, sonst aber selten thematisiert wird. Auch die Schulbücher der frühen Bundesrepublik verwenden Ries' Bilder noch nicht. Dieses zeitweise Verschwinden der Fotos hängt auch damit zusammen, dass Henry Ries sich beruflich verändert: Seit seiner Rückkehr in die USA arbeitet er bis 1955 für die „New York Times" und eröffnet anschließend eine Werbefirma in Manhattan, die eher durch moderne Aufnahmetechniken auf sich aufmerksam macht.

Erst im Jahr 1973, zum 25-jährigen Jubiläum der Luftbrücke, beginnt sich dies zu ändern. In Berlin finden zahlreiche Gedenkveranstaltungen statt, darunter eine Ausstellung „Henry Ries: Berlin vor 25 Jahren. Fotos aus der Zeit der Berliner Blockade". Ihr Katalog verbreitet die „Rosinenbomber"-Bilder, die auch Ries selbst wieder vermarktet, als er anlässlich der Präsentation Berlin besucht. Diese Ausstellung ist zugleich eine verspätete Ehrung für einen Berliner Juden, der aus Deutschland fliehen musste.

Das Jubiläum leitet generell eine verstärkte Erinnerung ein, bei der die „Rosinenbomber" in den Vordergrund rücken. Sie entwickeln sich zu einem Symbol der deutsch-amerikanischen Freundschaft. So tritt der Pilot Gail Halvorsen im westdeutschen Fernsehen gemeinsam mit den nunmehr erwachsenen Empfängern seiner Süßigkeiten auf. 1974 erhält Halvorsen das Bundesverdienstkreuz. Im Juni 1975 stellt die ARD die Luftbrücke zur besten

Zur Erinnerung an die Luftbrücke erscheint 1998 in den USA eine Sonderbriefmarke.

Die Deutsche Post gibt am 4. Mai 1999 einen Jubiläumsbrief heraus. Die Sondermarken zeigen die Fahnen der an der Luftbrücke beteiligten Alliierten.

Sendezeit in der szenischen Dokumentation „Tage des Überlebens" heraus.

Ries' Bilder und Erlebnisse gewinnen so Aufmerksamkeit: Der Ullstein Verlag publiziert 1981 die Berliner Fotografien, und neben weiteren Büchern folgt 1988 die Ausstellung „Photographien aus Berlin, Deutschland und Europa 1946–1951" der Berlinischen Galerie im Martin-Gropius-Bau. Ries selbst kommt ebenfalls regelmäßig nach Deutschland. Seine Fotos werden nun sowohl in den zeitgenössischen Prozess der europäischen Einigung als auch in die deutsch-amerikanische Freundschaft eingelesen, die auf diplomatischer Ebene zwischen Helmut Kohl und Ronald Reagan aufblüht.

Auch die Illustrierten drucken seit den runden Jahrestagen häufiger Bilder von winkenden Kindern unter „Rosinenbombern" ab. Ebenso veröffentlichen Schulbücher seit 1990 vielfach Ries' Foto mit dem „Rosinenbomber", das ihnen offensichtlich als eine kindgerechte Darstellung erscheint, um den Beginn des Kalten Krieges zu erklären.

Seit dem 50-jährigen Jubiläum im Jahr 1998 rückt das Foto von Henry Ries endgültig in den Vordergrund und ist auch über die Jahrestage hinaus in der Öffentlichkeit präsent. In den USA schmückt das Motiv nun sogar eine Briefmarke. „Der Spiegel" bezeichnet das Bild als „kollektives Gedächtnis der Berliner". Zehn

Festrede:
Gail Halvorsen im
Juni 2008 beim
60-jährigen Jubiläum
der Luftbrücke am
Flughafen Frankfurt.

Die „Rosinenbomber" –
Ikonen der Westintegration

Jahre zuvor zeigte das Nachrichtenmagazin im Zuge der Amerikakritik ein Bild der Luftbrücke, das Ries' Motiv sehr ähnelt, noch mit der Zeile „Propagandaschlacht der Amerikaner". Wie in der Geschichtswissenschaft gerät auch in den Medien die Auseinandersetzung mit der Vergangenheit zu einem eigenen Thema.

Das Bild erhält im Erinnerungsdiskurs zwei Bedeutungen: Einerseits steht es für die deutsch-amerikanische Freundschaft, andererseits für den Übergang von der Trümmerzeit der Nachkriegsjahre zum Wirtschaftswunder. Ersteres unterstreichen politische Inszenierungen, die mit dem Motiv einhergehen. So treffen sich US-Präsident Bill Clinton und Bundeskanzler Helmut Kohl 1998 auf dem Berliner Flughafen Tempelhof an einem restaurierten Transportflugzeug der Berlin-Blockade. Der „Rosinenbomber" – und mit ihm das Foto von Henry Ries – entwickelt sich zu einer Ikone der historischen Museen: etwa als begehbarer Laderaum im Bonner Haus der Geschichte, als Dachdekoration im Deutschen Technikmuseum Berlin oder auf dem Freigelände des Alliierten-Museums, das 1998 am 50. Jahrestag der Luftbrücke in Berlin eröffnet wird. Die Bedeutung der Ries-Fotografie als Symbol für den Übergang zwischen zwei Epochen zeigt unter anderem „Der Spiegel", der sie 2005 als Teil einer Titelbild-Collage für das Heft „Die 50er Jahre – Vom Trümmerland zum Wirtschaftswunder" verwendet. Schließlich setzt das Fernsehen das Bild neu in Szene. So stellt der aufwendige Zweiteiler „Die Luftbrücke – Nur der Himmel war frei", den der Fernsehsender Sat.1 am 27. und 28. November 2005 ausstrahlt, auch jene Bilder von winkenden Kindern auf Trümmerhaufen nach, die an die Fotomotive von Ries erinnern.

Als sich die Schließung des Berliner Stadtflughafens Tempelhof abzeichnet, stoßen Ries' Bilder erneut auf öffentliches Interesse. Gegner des Beschlusses und die Berichte über die Debatte nutzen die Fotos immer wieder, um mit den winkenden Kindern nostalgisch den Flughafen Tempelhof zu einem schützenswerten deutsch-amerikanischen Erinnerungsort zu erklären. Als er am 30. Oktober 2008 tatsächlich schließt, dröhnt als letzte Maschine ein „Rosinenbomber" über seine Rollbahn.

Für Henry Ries selbst bleiben die Berliner Jahre nicht zuletzt durch den Erfolg der „Rosinenbomber"-Fotos eine prägende Erfahrung. Seine Autobiografie von 2001 trägt bezeichnenderweise den Titel „Ich war ein Berliner. Erinnerungen eines New Yorker Fotojournalisten". Die Bundesrepublik Deutschland ehrt ihn ihrerseits: 1999 ernennt ihn der Berliner Senat zum Ehrenprofessor, 2003 erhält er das Bundesverdienstkreuz 1. Klasse. Im Jahr darauf stirbt der Fotograf jenes Luftbrückenbildes, das seinen Tod noch lange überdauern wird.

Der Karikaturist Klaus Stuttmann greift den „Rosinenbomber" im Zusammenhang eines Volksentscheids gegen die Schließung des Flughafens Tempelhof auf. „Der Tagesspiegel" veröffentlicht die Zeichnung am 21. April 2008, sechs Tage vor der Abstimmung über die Zukunft des Flughafens.

Elena Demke

Mauerbilder –

Ikonen im Kalten Krieg

Im Zentrum beider Fotos stehen Männer in Uniform: Der eine springt, die anderen stehen geschlossen auf ihrem Posten. Keines der Fotos zeigt die Mauer. Und doch genießen gerade diese beiden Aufnahmen im Zusammenhang des Mauerbaus besondere Popularität. Sie symbolisieren die auf der jeweiligen Seite des Eisernen Vorhangs vorherrschende Interpretation der Teilung und avancieren unter den so gegensätzlichen Bedingungen von Medienlenkung in der DDR und Medienkonkurrenz in der Bundesrepublik Deutschland zu Ikonen.

Auf beiden Fotos erkennt der Betrachter, dass sie an der Sektorengrenze in Berlin – und damit an vorderster Frontlinie des Kalten Krieges in Europa – aufgenommen wurden. Den Sprung über den Stacheldraht an einer ansonsten unspezifischen Straßenecke ordnet ein Schild am rechten oberen Bildrand zu: Der Schriftzug „fin du secteur français" – beziehungsweise Teile desselben bei beschnittenem Bildrand – verweist auf die geopolitische Lage: Der Springende flieht vom Ost- in den West-Sektor der geteilten Stadt. Das Foto der vier Uniformierten dagegen braucht kein Schild, das Brandenburger Tor markiert die innerdeutsche Grenze. Schwieriger ist die Frage, gegen wen die Männer eine Front bilden. Die Quadriga auf dem Tor zeigt es an, sie stehen gen Westen. In den häufigen Reproduktionen mit beschnittenem Bildrand fehlt dieses Kriterium der Richtungszuordnung. Ihren Erfahrungen und Erwartungen folgend meinen dann viele Bildbetrachter in der DDR, die Bewaffneten seien gen Osten gewandt und halten anderslautende Bildunterschriften prompt für Manipulationen.

● Ikonen des Mauerbaus

Der Springende trägt einen Stahlhelm, der das Gesicht weitgehend verdeckt. Seinen rechten Fuß im Stiefel streckt er nach vorn, während das linke Bein im Sprung abgewinkelt ist. Seine Arme sind im Schwung des sichtbar hohen Sprungs zur Seite gestreckt, wobei die rechte Hand den Riemen einer Waffe fasst. Das Foto lässt vermuten, was die Filmsequenz belegt: Er reißt sich die Maschinenpistole von der Schulter, wirft sie hinter sich. Stahlhelm, Stiefel, Uniform – dieser Mann ist soldatisch gekleidet, doch der 19-jährige Conrad Schumann ist Oberwachtmeister der kasernierten Bereitschaftspolizei.

Das Foto entsteht am 15. August 1961. Eine Woche später kündigt der Staatsratsvorsitzende Walter Ulbricht im Politbüro an, dass auf „Grenzprovokateure" geschossen werde. Die ersten Todesschüsse fallen zwei Tage darauf, am 24. August, an der Sektorengrenze in Berlin-Mitte. Die besondere Wirkung des Fotos beruht darauf, dass mit Schumann ein potenzieller

Die Mauer verläuft entlang der Bernauer Straße im Berliner Bezirk Mitte. Die Häuserfronten gehören zum Ostteil der Stadt, der Bürgersteig hingegen liegt im Westen. Nach Beginn des Mauerbaus flüchten viele Anwohner, bevor die Machthaber die Fenster vermauern und die Häuser räumen.

Mauerschütze – die soldatische Erscheinung lädt zu dieser Deutung ein – seinen Posten verlässt. Damit rückt eine weitere Dimension in den Blick: Schumanns Sprung lässt sich als Symbol der Hoffnung lesen, dass diejenigen, die im Auftrag der SED Überwachung und Repression vollstrecken, dem Regime ihre Unterstützung verweigern.

Die vier Uniformierten vor dem Brandenburger Tor sind in ihrer Bedeutung diesem Bild diametral entgegengesetzt. Sie gehören den paramilitärischen Formationen aus Zivilisten an, die Volkspolizei und Nationale Volksarmee (NVA) unterstützen, den sogenannten Kampfgruppen der Arbeiterklasse. Die Männer stehen – bildästhetisch unterstrichen durch die zahlenmäßig korrespondierende Säulenreihe des Brandenburger Tors – fest auf ihren Posten und wirken wie weitere Säulen, die das Tor mit ihrer Präsenz und militärischen Potenz schließen. Die Ambivalenz von Militärischem und Zivilem, die Mimik, Gestik, Körperhaltung und Kleidung erzeugen, steht im Gegensatz zum Soldatischen des springenden Schumann. Die Uniformen weisen keine Rangabzeichen auf, Hemdkragen deuten auf zivile Kleidung darunter. Die Männer präsentieren die Kalaschnikows zwar mit der gleichen Geste, diese variiert jedoch stark in der Ausführung, was den Eindruck militärischer Strenge verringert. Das unterschiedliche Alter der Männer und die Tatsache, dass ihre Blicke nicht auf einen gemeinsamen Punkt fixiert sind, unterstreichen dies.

Gerade die Spannung aus Einheitlichkeit und Varianz, aus Militärischem und Zivilem kommt der Deutung des Mauerbaus durch das SED-Regime entgegen: Hier sind Zivilisten, Männer unterschiedlichen Alters und verschiedener Berufe, zu den Waffen geeilt, um einen Sperr-

riegel zu bilden. Es handelt sich in dieser Lesart um eine Frieden sichernde Verteidigungsmaßnahme und keinen aggressiven Akt.

Die Grenze aus Stacheldraht und Stein beziehungsweise aus Betonmauer und Todesstreifen – in der westlichen Publizistik „Sperrmaßnahmen gegen Recht und Menschlichkeit", so der Titel einer Broschüre des Bundesministeriums für gesamtdeutsche Fragen vom September 1961 – ersetzt dieses Foto visuell durch eine „Menschenmauer". Die Bildikonografie geht hierbei dem Wort voran, so heißt es aus Anlass des fünften Jahrestages des Mauerbaus im „Neuen Deutschland", dass „die Mauer […] ein lebender Wall" sei, und der ostdeutsche Schriftsteller Fritz Selbmann lässt in seinem Propagandaroman „Die Söhne der Wölfe" ein Kampfgruppenmitglied unmittelbar nach dem 13. August am Brandenburger Tor davon sprechen, eine „leibhaftige Mauer bauen [zu] müssen".

Propagandaballon der Bundeswehr: Der Mauersprung illustriert eine Liste von geflohenen NVA-Angehörigen.

Internationale Reaktion: Das US-Magazin „Life" vom 25. August 1961.

Vermisste Gegenwehr:
Am 16. Oktober 1961
empört sich die „Bild"-
Zeitung über das Verhal-
ten des Westens ange-
sichts des Mauerbaus.

Bis Ende Oktober 1961 handeln die hoch gerüsteten, verfeindeten Systeme an der Mauer die Bedingungen ihrer Koexistenz für Berlin aus. Am 27. Oktober spitzt sich die Lage zu: Nachdem DDR-Grenzposten amerikanischen Offizieren den Zugang in den Ost-Sektor verweigert haben, stehen sich sowjetische und US-amerikanische Panzer am alliierten Grenzübergang Checkpoint Charlie gegenüber. Die Eskalation bleibt jedoch aus, nach Geheimabsprachen auf höchster Ebene in Washington und Moskau ziehen beide Seiten ihre Einheiten wieder ab. Die zweite Berlin-Krise scheint vorerst gelöst, der Eiserne Vorhang in Berlin ist zementiert und damit auch stabilisiert. Den empörten West-Berlinern wird am 13. August deutlich, wie weit das SED-Regime gehen kann. Weiter aber auch nicht – dies ist die Botschaft der Konfrontation am Checkpoint Charlie zehn Wochen später. Die Ost-Berliner hingegen müssen fortan massive Repressionen erleiden oder ihr Leben riskieren, wollen sie sich der Diktatur entziehen.

Die Ikonen des Mauerbaus – der „Mauerspringer" im Westen, der „antifaschistische Schutzwall" im Osten – sind im Kalten Krieg Mittel der jeweiligen Identitätskonstruktion und -vergewisserung. Sie beschwören Feindbild und Selbstbild angesichts der neuen Situation, auf die sich die Bevölkerung in Ost und West einstellen muss.

Wiedersehen:
Peter Leibing (rechts)
zeigt Conrad Schumann
im Mai 1986 die Kamera,
mit der er 25 Jahre zuvor
das historische Foto
aufgenommen hat.

● Der „Sprung in die Freiheit" – Demokratie und Medienkonkurrenz

Die Fluchtszene an der Ecke Bernauer/Ruppiner Straße am 15. August wird gleich mehrfach abgelichtet. Links in der berühmten Aufnahme ist ein Kameramann zu sehen. Weitere Foto-

grafen sind anwesend. Einer von ihnen, Klaus Lehnartz, gehört zu den herausragenden Dokumentaristen des geteilten Berlin. Er reklamiert die Autorschaft an dem berühmten Foto ebenso wie der Hamburger Bildjournalist Peter Leibing, Volontär bei der Bildagentur Conti Press. Der Streit wird 1981 vor Gericht zugunsten Leibings entschieden. Zwar hat Lehnartz die Flucht dokumentiert, doch das entscheidende Foto, das die Dynamik des Sprungs betont, stammt von Peter Leibing. Das Bild ist frontal aufgenommen just in dem Moment, als der Springende die DDR schon verlassen hat, jedoch noch nicht im Westen angekommen ist. Der Rechtsstreit verweist auf ein Spezifikum der Etablierung einer Fotoikone unter den Bedingungen von Medienkonkurrenz: Sie behauptet sich auch nach marktwirtschaftlichen

Kriterien, ihr Inhalt korrespondiert mit einem Geldwert.

Conrad Schumann entwickelt sich zu einer Symbolfigur von internationaler Berühmtheit. Auf Wunsch von US-Präsident Ronald Reagan wird der „Vorzeigeflüchtling" als Ehrengast zur 750-Jahr-Feier Berlins im Jahr 1987 eingeladen. Alle Bemühungen für eine gemeinsame Feier sind zuvor gescheitert, in Ost- und West-Berlin finden je eigene Jubiläumsveranstaltungen statt. Reagan hält am 12. August 1987 eine vielbeachtete Rede vor den Sperranlagen am Brandenburger Tor, das hinter der Mauer aus dem Ost-Sektor der Stadt hervorragt. Reagans Interesse an der Anwesenheit Schumanns und seine Worte „Mister Gorbachev, open this gate! Mister Gorbachev, tear down this wall!" schlagen einen Bogen zwischen der konkurrierenden Deutung der Mauer in Ost und West, der die enge Verbindung zwischen Bildikonografie und politischer Rhetorik belegt.

Das Interesse an den auf Ikonen abgebildeten Menschen ist mit spezifischen medialen Strategien ihrer Inszenierung verbunden. Durch Recherchen zur Person oder Gegenüberstellungen von Fotos der „Helden" von damals und ihrer Lebensrealität heute kontrastieren sie die vom Einzelnen abstrahierende Ikone mit dem konkreten Individuum. So zeigt der Berliner „Tagesspiegel" vom 13. August 1987 ein Foto, auf dem Conrad Schumann vor der Ikone von 1961 steht. Dies hat zuweilen enthüllenden Charakter, als wirke die Symbolkraft wie ein Schleier, hinter dem die Betrachter das individuelle Schicksal entdecken wollen. Der Selbstmord Conrad Schumanns 1998 in seinem bayrischen Heimatort provoziert in Presse und Fernsehen prompt den auf die Bildunterschrift „Sprung in die Freiheit" anspielenden

Titel „Sprung in den Tod". Dabei handelt es sich jedoch weder um Suizid durch einen tödlichen Sprung noch können die Medien eine direkte Verbindung zwischen Schumanns Verzweiflung und seiner Rolle als Symbolfigur auf dem historischen Foto plausibel machen.

Die Massenflucht aus der DDR – ein permanenter Beweis, wie unerträglich Hunderttausenden das Regime erscheint – dämmt der Mauerbau ein. Der Freiheitswille der DDR-Bevölkerung ist im Bild des fliehenden Grenzpolizisten eingefroren. Mit der abnehmenden Schärfe des Kalten Krieges durch die Entspannungspolitik der sozialliberalen Koalition wird dieses Bild jedoch zunehmend mehrdeutig „aufgetaut": Aus dem „Sprung in die Freiheit", der zugleich eine deutliche Stellungnahme im Kalten Krieg war, wird ein universales Symbol der Verweigerung eben dieses Krieges. Die Vermarktung des Bildes löst sich schließlich vollständig von politischen Aussagen. Das Spektrum reicht von allgemeiner Reklame für Berlin, etwa auf Stadtplänen, bis hin zur völligen Beliebigkeit, etwa ein Werbeplakat, auf dem eine Gestalt wie Schumann über den Stacheldraht springt, allerdings mit einem Gurkenglas in der Hand.

Souvenirs aus Berlin: Noch heute schmückt der Mauersprung Erinnerungsstücke wie das Daumenkino und die Umhängetasche.

Die Ikone des springenden Schumann überdauert die deutsche Wiedervereinigung. Auch andere Bilder vom Mauerbau, die in das kollektive Bildgedächtnis zur Teilung eingehen, sind von Westen her

Maueropfer: Peter Fechter wird im August 1962 bei einem Fluchtversuch angeschossen und verblutet im Grenzstreifen. Fotografen und Kameramänner halten das Geschehen fest, die Bilder gehen um die Welt.

aufgenommen. Einzelne Fotos – wie das einer alten Frau, die aus einem Fenster in der Bernauer Straße geklettert ist, und von West- und Ost-Berlinern gleichzeitig in beide Richtungen gezogen wird – erlangen zwar Berühmtheit, aber keines den besonderen Status des springenden „Soldaten".

Vielmehr sind bestimmte Bildmotive ikonisiert: flüchtende Ost-Berliner, Kontakt zwischen den getrennten Ost- und West-Berlinern, die einander mit Taschentüchern oder Blumen zuwinken, sowie Ost-Berliner Maurer und Uniformierte beim Errichten und Bewachen der Grenzanlagen. Gemeinsam ist diesen Bildern, dass sie Trennung und Bedrohung thematisieren und anprangern.

● Der „antifaschistische Schutzwall" – Diktatur und Medienzensur

Die Angehörigen der Kampfgruppen nimmt der Fotograf Peter Heinz Junge, Bildreporter beim Allgemeinen Deutschen Nachrichtendienst (ADN) der DDR, am 14. August 1961 auf. Die SED-Kreisleitung Berlin-Mitte veröffentlicht das Bild wenige Wochen später, was den Versuch verdeutlicht, eine sozialistische Fotoikone zum Mauerbau zu etablieren und im offiziell erwünschten kollektiven Gedächtnis zu verankern. Für seine Präsenz im Bildgedächtnis spricht die irrtümliche Annahme mehrerer Historiker, dieses sei das einzige in der DDR verbreitete Foto zum Mauerbau gewesen – dies ist es nicht, jedoch zweifellos das bekannteste. Die besondere Wirkung ist lan-

Wandteller mit dem Motiv der Kampfgruppen, 1973.

ciert: Nur dieses Foto stilisiert die Propaganda und setzt es als visuellen Stichwortgeber ein, gleichsam als „Logo" für den „antifaschistischen Schutzwall".

So findet es sich auf Kundgebungsaufrufen zu Jahrestagen des Mauerbaus, auf Plakatwänden, auf einer Sonderbriefmarke und sogar in einer lebendigen Nachstellung im Rahmen des historischen Festumzugs bei der Ost-Berliner 750-Jahr-Feier der Stadt. Bereits 1966 bezeichnet es die SED-Presse als „historisches Foto" und stellt es einer aktuellen Aufnahme seiner „Helden" gegenüber. Die Informationen über deren Werdegang dienen jedoch nicht dazu, individuelle Schicksale zu enthüllen, sondern bekräftigen die Stellvertreterfunktion der Fotografierten, indem sie ihre erfolgreichen Funktionärskarrieren schildern.

Adaptionen des Fotos führen in der SED-kontrollierten Öffentlichkeit nicht zu Bedeutungsverschiebungen, welche die politische Implikation umkehren oder in Beliebigkeit auflösen, wie dies im Westen mit dem Schumann-Foto geschieht. Vielmehr interpretieren sie die Bilderzählung der Grenzabriegelung als eine vom Volk getragene Friedensrettung für die jeweilige Gegenwart: Der militärische Einsatz der Grenzsoldaten an Mauer und Todesstreifen wird so als Ausführung und Auftrag des durch die Kampfgruppen verkörperten Volkswillens legitimiert. Um diese Wirkung zu erzielen, stellt die Propaganda die Ikone neben Bilder von Soldaten der Nationalen Volksarmee, zeigt ihre „Helden" im Gespräch mit Grenzsoldaten oder adaptiert das Bildmotiv

10 JAHRE ANTIFASCHISTISCHER SCHUTZWALL

10 Jahre
sicherer
Schutz
des Friedens
und des
Sozialismus

Wunschbild:
Die SED-Führung,
aufgereiht vor einem
stilisierten Branden-
burger Tor aus Papp-
maché, stellt sich
1971 in die Tradition
der Ikone. Die Paraden
zu den Jahrestagen
des „Schutzwalls"
finden stets in sicherer
Distanz zum gefeierten
Bauwerk statt.

grafisch so, dass Kampfgruppen und Soldaten nicht zu unterscheiden sind, etwa auf den Umschlägen der Geschichtsbücher für den Schulunterricht der 1960er Jahre.

Zur Rezeptionsgeschichte des Fotos gehört jedoch auch sein Verschwinden nach 1989. Die forcierte Ikone scheitert an den Erfahrungen der Adressaten: Im kommunikativen Gedächtnis hält sich hartnäckig die Überzeugung, die vier Männer richteten ihre bewaffnete Wachsamkeit nach Osten, gegen die DDR-Bevölkerung, um Fluchtversuche im Keim zu ersticken.

Über den Erfolg eines Bildes entscheiden in der DDR nicht Verkaufszahlen, sondern die Medienzensoren der SED. Diese stellen bei der Visualisierung des Mauerbaus die Kampfgruppen ins Zentrum, mit Bildmotiven, welche die „Ikone Ost" ergänzen und erklären. So erscheint in sämtlichen Geschichtslehrbüchern

und in mehreren populärwissenschaftlichen Publikationen seit 1961 eine Aufnahme der Kampfgruppen am Brandenburger Tor, die diese im Gegenlicht vor dem Hintergrund des West-Berliner Tiergartens als schemenhafte Umrisse zeigt. Sie wirkt wie eine Erläuterung der Ikone: Jene herausgehobenen Männer, die vor dem Brandenburger Tor gen Westen standen, seien „vier von vielen".

Die SED-Presse veröffentlicht im August 1961 ganzseitige Reportagen zum Mauerbau, die andere Personengruppen und weitere Bildmotive einbeziehen. Neben Grenzwächter in Uniformen der Kampfgruppen und der Grenzpolizei treten Zivilisten: Frauen überreichen während des Dienstes Erfrischungen, Politiker verleihen Auszeichnungen. So ergänzt die Pro-

Die 750-Jahr-Feier Berlins lässt 1987 den „antifaschistischen Schutzwall" vor einer Attrappe des Brandenburger Tors wieder aufleben.

paganda die Inszenierung der Grenzabriegelung um Volkswillen und Regierungsauftrag, welche diese Tat wachsamer Arbeiter begleiten und für sie danken. Später greift die SED Aspekte dieser Bildmotivik auf und variiert sie: Fotos von Dankesbezeugungen wie die Übergabe von Geschenken an die Grenzsoldaten setzt sie nun auch bei anderen rituellen Anlässen ein, die den „antifaschistischen Schutzwall" bildlich thematisieren, so am 1. Dezember, dem Tag der Grenztruppen, an Weihnachten und an den Jahrestagen des 13. August.

● Die Mauer als Symbol in Ost und West

Die Mauer bildet den Ausgangspunkt der Identifikationen von Gut und Böse im Kalten Krieg. Ein zentrales Argument ist dabei die Bezichtigung des jeweils anderen, „Faschist" zu sein. Dieser Vorwurf spielt in Ost und West nach

Beginn des Mauerbaus sowohl in inneren Auseinandersetzungen als auch im Angriff auf das andere System eine große Rolle. Im August 1961 dienen Fotos dazu, den Mauerbau als „antifaschistisch" respektive „faschistisch" zu inszenieren. So titelt die in Ost-Berlin erscheinende „Berliner Zeitung" am 31. August 1961 „Verrechnet! 1961 nicht 1939!" und setzt das berühmte Foto von Wehrmachtssoldaten, die 1939 einen Schlagbaum an der Grenze zu Polen einreißen, neben das Foto einer Reihe von Angehörigen der Kampfgruppen aus dem Jahr 1961. Das Brandenburger Tor spielt in anderen Arrangements eine besondere Rolle: Sie stellen beispielsweise Aufnahmen von SA-Truppen, die durch das Tor marschieren, denen von Angehörigen der Kampfgruppen, die 1961 das Tor verschließen, gegenüber.

Die West-Berliner Presse inszeniert den Vorwurf ebenfalls fotografisch. So publiziert die „Berliner Morgenpost" ab dem 15. August eine tägliche Bildserie zur Grenzabriegelung unter der Überschrift „Ulbrichts KZ". Mit fortschreitendem Grenzausbau wird dieser Vergleich auch visuell in Szene gesetzt, durch Bilder von Mauer, Stacheldraht und Wachturm oder durch die Buchstaben „KZ", die als Graffito an der Mauer die Verbreitung dieser Deutung der Grenze dokumentieren. In West wie Ost wird dabei auch mit der Signalwirkung von Fotoikonen gearbeitet. Wenige Monate vor Beginn des ersten Auschwitz-Prozesses zeigt der „Tagesspiegel" am 13. August 1963 auf dem Titelblatt ein Bild von Straßenbahnschienen, die vom Potsdamer Platz zur Mauer führen. Die grafische Gestaltung evoziert das Bild der zum Tor des Vernichtungslagers Auschwitz-Birkenau führenden Eisenbahnschienen. Der Vorwurf des „Faschismus" und seine gestalte-

"Schutzwall" gegen "Stein gewordene Unmenschlichkeit"

In dieser Zeit sicherten die Einheiten der Kampfgruppen endgültig die Grenzen. Sie zogen eine Mauer durch Berlin und verwehrten damit allen Feinden Zutritt.

Quelle: Kreisleitung Berlin Mitte der Sozialistischen Einheitspartei Deutschlands, Abteilung Agitation und Propaganda (Hg.), Da schlugs 13, Berlin 1961

Solange es diese Mauer gibt, darf es keinen 13. August geben, ohne daß wir die Augen der Welt auf dieses Unrecht, auf diese Stein gewordene Unmenschlichkeit hinlenken. Der 13. August ist nicht ein Tag des Gedenkens, sondern der Aufrüttelung, er ist nicht ein Tag der bitteren Erinnerung, sondern noch immer ganz brutale Gegenwart, die erst noch überwunden werden muß.

Franz Amrehn, Landesvorsitzender der Berliner CDU, in einer Ansprache am 13. August 1964,
Quelle: „Der Tagesspiegel", 13. August 1964

Links:
Rose Kennedy, die Mutter des US-Präsidenten John F. Kennedy, 1963 an der Mauer in West-Berlin.

Rechts:
Blickwechsel, 1964: Dem Aufruf der Ost-Berliner Seite stehen die Deutungen „KZ" und „Straßensperrung verursacht durch die Schandmauer" im Westen gegenüber.

rische Umsetzung in den Medien verschwinden in der Bundesrepublik Deutschland infolge der Entspannungspolitik weitgehend. In der DDR bleibt er bis 1989 aktuell, nicht zuletzt in der Formel vom „antifaschistischen Schutzwall".

Nach 1961 kommen neue Bildmotive in das Arsenal der fotografisch geführten Auseinandersetzung über die Mauer. Ein besonders beliebtes zeigt Staatsgäste bei der Besichtigung der Grenzanlagen. Stets setzt dabei eine gering-

fügige Differenz den grundlegenden politischen Perspektivunterschied in Szene: Staatsgäste der Bundesrepublik Deutschland sind so aufgenommen, dass der Bildbetrachter ihren Blick auf Mauer, Stacheldraht und Todesstreifen nachvollzieht. Staatsgäste der DDR werden dagegen frontal abgelichtet. Sie stehen zumeist auf einem Podest auf der Westseite des Brandenburger Tors neben Uniformierten, die mit souveräner Geste auf die Grenze weisen. So wird die Mauer einerseits als Anklage des Regimes und andererseits als Souveränitäts- und Legitimitätsdarstellung inszeniert.

Keine Inszenierung, sondern lebensbedrohliche und oft tödliche Realität ist die Grenze für Flüchtlinge aus der DDR. Dafür stehen die Bilder des 18-jährigen Peter Fechter, der am 17. August 1962 qualvoll und ohne Hilfe über eine Stunde hinweg vor Zuschauern und vor Kameraobjektiven im Grenzstreifen verblutet. Das Forttragen seines Leichnams entwickelt sich in der Bundesrepublik Deutschland zu der zentralen Ikone der tödlichen Mauer. Fotos von oftmals privat errichteten Gedenkkreuzen in der

Bernauer Straße und von offiziellen Gedenkfeiern in West-Berlin ergänzen diese Thematik.

Auch die DDR nutzt Fotos, um „Mauertote" im zensierten kollektiven Gedächtnis zu verankern und damit das Wissen um erschossene Flüchtlinge zu überschreiben: Die Soldaten, die bei ihrem Einsatz an der Grenze getötet wurden, porträtiert die SED-Presse regelmäßig und zelebriert ihr Gedenken. Am 18. Juni 1962 stirbt der 19-jährige Grenzsoldat Reinhold Huhn durch den Schuss eines westdeutschen Fluchthelfers, als er sich Ost-Berlinern, die durch einen Tunnel in den Westen fliehen wollen, in den Weg stellt. Diesen Tod im Dienst hebt die SED-Propaganda besonders hervor: Sie publiziert Fotos seines Leichnams und richtet eine Gedenkstätte ein. Damit versuchen die Machthaber, Reinhold Huhn als Gegenbild zu Peter Fechter, der im Westen das bekannteste Maueropfer ist, aufzubauen.

Die Mauer wird im Westen zur Touristenattraktion, im Osten bleibt sie ein Tabu. Farbenfrohe Bemalungen des tödlichen Bauwerks und buntes Alternativleben auf dem Brachland da-

Maueralltag
West (links) und Ost.

vor schaffen in West-Berlin eine Aura von Idyll: Fantasievolle Graffiti am Beton, Kinderbauernhöfe, Schrebergärten und Familienpicknicks vor der Mauer entwickeln sich zu häufigen Fotomotiven. Doch die fotografische Repräsentation dieser Normalität der Mauer bezieht ihre Bedeutung gerade aus dem Bewusstsein des „Unnormalen".

In der DDR droht für jeden Versuch, den Maueralltag fotografisch zu dokumentieren, Verhaftung. Einige Berufs- und Hobbyfotografen riskieren es dennoch, ihre Wahrnehmungen gegen die Propaganda zu behaupten. Aus der fahrenden S-Bahn, aus Fenstern oder hinter Straßenecken aufgenommen, bezeugen diese

Fotos in doppeltem Sinne den verbotenen Blick auf die Mauer. Den Kalten Krieg entscheidet am Ende auch die weithin empfundene Unerträglichkeit des einen im Vergleich zu den Freiheiten des anderen Alltags.

Seit dem 10. November 1989 zeigen die Medien weltweit zum Mauerfall und zur Überwindung der SED-Herrschaft etliche Varianten des immer gleichen Bildes: dicht gedrängte Reihen Feiernder auf der Mauerkrone vor dem Brandenburger Tor. In diesem Fotomotiv hat der Freiheitswille, ikonisiert in Schumanns Sprung, die nicht länger von Kampfgruppen und Grenzsoldaten durchgesetzte Abriegelung des Tores überwunden.

Die jubelnden Menschen, die im November 1989 die Öffnung der Mauer feiern, lösen die Bilder aus der Zeit des Kalten Krieges ab.

Ingrid Gilcher-Holtey

Der Tod des Benno Ohnesorg –

Ikone der Studentenbewegung

Freitag, 2. Juni 1967: Der Schah des Irans, Reza Pahlewi, und seine Frau, Kaiserin Farah Diba, besuchen Berlin. Die Stadt ist eine Station auf ihrer Europareise, die das Herrscherpaar zuvor durch Österreich und die Bundesrepublik Deutschland geführt hat. Der Staatsbesuch, vom deutschen Fernsehen in Live-Sendungen übertragen, hat viele Zuschauer mobilisiert, an verschiedenen Orten aber auch Proteste gegen das Schah-Regime. Der Berliner Senat hat daher große Sicherungsvorkehrungen getroffen. Wie erwartet, setzen die Anti-Schah-Demonstrationen ein, als der Schah gegen Mittag vor dem Schöneberger Rathaus eintrifft, und gehen an allen Orten weiter, an denen er an diesem Tag auftritt.

Kritik an dem Regime, das der Schah repräsentiert, vermittelt das Buch „Persien. Modell eines Entwicklungslandes oder Diktatur der freien Welt" von Bahman Nirumand, das, Anfang 1967 erschienen, binnen Kurzem in 25.000 Exemplaren verkauft worden ist. Hans Magnus Enzensberger, der mit dem höchsten deutschen Literaturpreis, dem Büchner-Preis, ausgezeichnete Dichter, hat diesem Buch „Eine Nacherinnerung" beigefügt. In ihr entzaubert er die „Märchen vom Pfauenthron", die „Sagen von goldenen Betten und selbstloser Entwicklungshilfe" und klagt die „ganze europäische Presse" an, „nachdrücklich, konsequent, und mit dem Eifer derer, die wissen, was sie tun", die Berichterstattung „über die armen Länder und unser Verhältnis zu ihnen" zu verzerren. „Ist Farah glücklich?", sei die einzige Frage, die diese Presse stelle. Niru-

Mehrere Fotografen dokumentieren das Geschehen. Uwe Dannenbaum nimmt „den Mann mit dem Schlagstock" auf. Bernard Larsson lichtet Benno Ohnesorg umringt von Passanten ab.

mands Buch decke die Lügen der Presse auf und erkläre am Beispiel des Irans exemplarisch das Verhältnis zwischen den armen und den reichen Ländern dieser Welt. Es lasse den Leser mit Händen „völlig leer und merkwürdig weiß" zurück. Mitglieder der Conföderation Iranischer Studenten-Nationalunion (CIS-NU) sowie des Sozialistischen Deutschen Studentenbundes (SDS) rücken das Buch nicht ins Regal, sondern tragen seine Botschaft auf die Straße. Sie kleben schahkritische Plakate in Berlin und fordern damit zu Protesten gegen den Schah – „Schah – Schah – Scharlatan" – auf.

Für das Herrscherpaar aus dem Iran ist am Abend ein Besuch der Deutschen Oper in der Bismarckstraße vorgesehen. Auf dem Programm steht Mozarts „Zauberflöte". Vor der Oper haben sich Schaulustige, Schah-Anhänger und Schah-Kritiker versammelt. Überrascht, dass die Polizei nicht den gesamten Opern-Vorplatz sowie die Bismarckstraße freigehalten hat, gibt der Regierende Bürgermeister von Berlin, Heinrich Albertz, der als einer der ersten Gäste in der Oper eintrifft, die Anweisung, die Demonstration auf dem Gehsteig gegenüber der Oper aufzulösen, sobald der Schah das

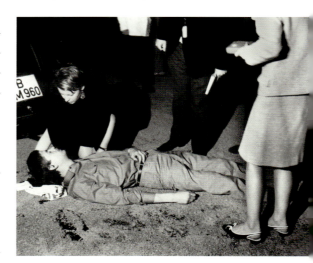

Offener Brief an Farah Diba

Guten Tag, Frau Pahlawi,

die Idee, Ihnen zu schreiben, kam uns bei der Lektüre der NEUEN REVUE vom 7. und 14. Mai, wo Sie Ihr Leben als Kaiserin beschreiben. Wir gewannen dabei den Eindruck, daß Sie, was Persien angeht, nur unzulänglich informiert sind. Infolgedessen informieren Sie auch die deutschen Illustriertenleser falsch. Sie erzählen da: „[...] Wie die meisten Perser reiste auch ich mit meiner Familie an die persische Riviera am Kaspischen Meer." „Wie die meisten Perser" – ist das nicht übertrieben? [...] Die meisten Perser sind Bauern mit einem Jahreseinkommen von weniger als 100 Dollar. Und den meisten persischen Frauen stirbt jedes zweite Kind [...] vor Hunger, Armut und Krankheit. Und auch die Kinder, die in 14stündigem Tagewerk Teppiche knüpfen – fahren auch die – die meisten? – im Sommer an die Persische Riviera am Kaspischen Meer? [...] Wir wollten Sie nicht beleidigen. Wir wünschen aber auch nicht, daß die deutsche Öffentlichkeit durch Beiträge, wie Ihren in der NEUEN REVUE, beleidigt wird. Hochachtungsvoll Ulrike Marie Meinhof

Originalabschrift eines Flugblatts aus dem Jahr 1967

Gebäude betreten habe. Dieser Gehsteig ist aufgrund einer Baustelle durch einen Bauzaun von den angrenzenden Grundstücken abgetrennt. Zuschauer und Demonstranten stehen daher dicht gedrängt vor dem Bauzaun und zugleich hinter Absperrgittern, welche die Polizei zur Fahrbahnsicherung errichtet hat. Auf der Fahrbahn und auf dem Bauplatz hat die Polizei Stellung bezogen.

Sie eskortiert Sonderbusse mit Schah-Anhängern an herausgehobene Plätze und löst dadurch Buh-Rufe unter den Schah-Kritikern aus. Als die Limousine mit dem Herrscherpaar erscheint, fliegen Rauchkerzen auf die Straße. Die Polizei wirft einen Teil der Rauchkerzen in die Zuschauerreihen zurück. Schnell und von

den meisten unbemerkt wird das persische Herrscherpaar in die Oper geleitet. Während drinnen die Ouvertüre zur „Zauberflöte" erklingt, erhalten die Polizisten draußen das Signal, den Gehweg zu räumen. Die Polizei geht dabei nach einer Taktik vor, die Polizeichef Erich

Mohammed Reza Pahlewi und seine Frau Farah Diba in Berlin, 1967.

Duensing als „Leberwurst-Taktik" beschreibt – man müsse „in die Mitte hineinstechen, damit sie an den Enden auseinanderplatzt". Ein Teil der Mannschaften rückt über die Absperrgitter in die Mitte der Zuschauer und Demonstranten vor, um die Menschenmenge nach zwei Seiten auseinanderzudrängen. Zwei andere Mannschaftsteile gehen zeitgleich von den Seiten gegen die Demonstranten vor und verhindern dadurch, dass diese sich über die Seitenstraßen zurückziehen können.

Die Polizisten fordern die Demonstranten über Lautsprecher auf, das Einsatzgebiet zu verlassen. Aber wohin sollen sie ziehen? Scheinbar wahllos setzen Polizisten ihre Schlagstöcke ein. Einige Demonstranten drängen an den Einsatzkräften vorbei, bestrebt, sich durch Flucht ihrem Zugriff zu entziehen. Doch diese setzen nach. Die Polizei nimmt wenig Rücksicht auf die Unterscheidung zwischen bloßen Schau-

lustigen und Schah-Kritikern. In dem Durcheinander, das während der Auflösung der Demonstration entsteht, fallen um 20.20 Uhr zwei Schüsse. Polizeiobermeister Karl-Heinz Kurras, 39, eingesetzt als Polizist in Zivil, trifft den 26-jährigen Studenten Benno Ohnesorg von hinten in den Kopf. Der Student der Freien Universität Berlin hat zum ersten Mal an einer Demonstration teilgenommen. Sein Freund Uwe Timm berichtet 2005, das Buch „Persien. Modell eines Entwicklungslandes" habe ihn bewogen, vor der Oper zu protestieren. Er stirbt kurz nach Einlieferung ins Krankenhaus.

● **„Synchronisierungseffekte"**

Binnen Kurzem dringt die Nachricht vom Tod des Studenten über die Grenzen Berlins und der Bundesrepublik Deutschland hinaus. Der Tod eines Studenten durch die Kugel eines Polizisten wirkt als „kritisches Ereignis", das den Alltag, das Gewohnte durchbricht und eine Synchronisation der Wahrnehmung von heterogenen sozialen Gruppen herbeiführt. »THE EVENT of 2nd June, 1967, WEST BERLIN« titelt am 15. Juli 1968 ein Flugblatt in Oxford. Es konstatiert, dass Ohnesorg beim Verlassen eines Hofes, in den er sich flüchtete, von der Polizei erschossen worden sei. Das Flugblatt grenzt sich von der Darstellung der West-Berliner Polizei ab, wonach ein Polizeibeamter, „umgeben von acht Studenten, die auf ihm herumtrampelten und ihn mit Messern bedrohten", in die Luft geschossen habe, um anderen Polizisten zu signalisieren, ihm zur Hilfe zu eilen. Oxforder Studenten erklären die Geschehnisse in Berlin „zu einer die britische Öffentlichkeit betreffenden Angelegenheit", trage Großbritannien doch als eine der vier Besatzungsmächte von Berlin eine allgemeine Verantwortung für die Stadt.

In West-Berlin dementiert der Innensenator erst am 5. Juni die polizeiliche Erklärung, der Student sei von einem Querschläger getroffen worden, der von Warnschüssen gestammt habe. Die Autopsie hat mittlerweile ergeben, dass Ohnesorg durch zwei Schüsse getötet wurde. Dazu kommt die öffentliche Erklärung von Polizeimeister Kurras, diese Schüsse „aus Notwehr" abgegeben zu haben. Die tödlichen Schüsse aus der Waffe eines Polizisten lösen Panik, Wut und Verzweiflung in der Studentenschaft aus. Viele, die bislang eher mit Distanz die Aktionen der Studentengruppen verfolgt haben, fühlen sich persönlich betroffen und sind bereit, sich politisch zu engagieren. Nicht nur in West-Berlin verbreitert sich dadurch die Basis der seit 1965 agierenden studentischen Protestbewegung, der Funke der Proteste springt auf alle Universitäten der Bundesrepublik Deutschland über. Die Kugel, die Benno

Schweigemarsch für Benno Ohnesorg: In München versammeln sich am 5. Juni 1967 zahlreiche Studenten, um ihres erschossenen Kommilitonen zu gedenken.

Parlament als Entwurf vorgelegt hat. Lokale Anti-Notstandskomitees gründen sich im ganzen Land. Die Ereignisse stoßen zwei weitere Projekte unmittelbar an: die Gründung einer „Kritischen Universität" in Berlin, die dem Wissenschaftsbetrieb eine Alternative entgegensetzen soll, sowie eine landesweite Anti-Springer-Kampagne mit dem Ziel, die manipulative Berichterstattung aufzudecken.

● **Blickwinkel und Sehweisen**

Die Ereignisse des 2. Juni sind in Film- und Tondokumenten sowie in Fotografien festgehalten – auch die Geschehnisse im Hof des Hauses Krumme Straße 66. Die Fotos spielen nicht nur eine zentrale Rolle bei der Rekonstruktion des Tatherganges im Kurras-Prozess, sondern auch bei der Deutung der Ereignisse durch die Medien und studentischen Akteure. Der Kampf um das, was „der 2. Juni" gewesen ist, wurde und wird auch auf der Bildebene ausgetragen. Retrospektiv scheint ein Bild zum Inbegriff des Tages geworden zu sein: das Ohnesorg-Foto von Jürgen Henschel. Es zeigt den Studenten auf dem Asphalt liegend, sein Kopf gestützt durch die Handtasche und Hände einer Passantin, die ein schwarzes Kleid trägt. Die junge Frau, Friederike Dollinger, kniet an seiner Seite und blickt fragend, klagend und hilfesuchend nach oben. Henschel hat das Bild für „Die Wahrheit" geschossen, das Zentralorgan der Sozialistischen Einheitspartei Westberlins (SEW). Das Ohnesorg-Foto wird sein bekanntestes Bild. Es schreibt sich in das kollektive Gedächtnis ein.

Ohnesorg traf, war, wie „Die Zeit" am 29. Mai 1987 schreibt, ein »Schuß in viele Köpfe«.

An Gedenk- und Trauerfeiern im ganzen Land beteiligen sich Assistenten, Professoren und Vertreter der liberalen Intelligenz. Alle ringen um eine Deutung der Ereignisse. Die Interpretation, die sich durchsetzt, basiert auf der Wahrnehmung, an den Berlinern sei „der Notstand probiert" worden. Das Bild des „vorweggenommenen Notstands" lenkt den Protest auf ein politisches Ziel: die Notstandsgesetze zu verhindern, welche die Große Koalition dem

Der Schriftsteller Uwe Timm, der zu Beginn der 1960er Jahre mit Ohnesorg am Braunschweig-Kolleg in Hannover das Abitur nachholt und 2005 in seinem Roman „Der Freund

und der Fremde" die Geschichte seiner Freundschaft zu Ohnesorg nachzeichnet, schreibt
über das Henschel-Foto: „Dieses Bild zeigt
die Opfersituation, auch die Zuwendung, Verzweiflung angesichts der Ohnmacht gegenüber
dem Faktischen, der Gewalt, dem Tod, all das
verwandelte den schon vorhandenen, aufge-
stauten Unwillen in den Willen zur Tat." Timm
ist von der Macht des Bildes für den Mobilisie-
rungsprozess der Studentenbewegung über-
zeugt und glaubt, das Foto erstmals wenige
Tage nach dem Tod Ohnesorgs in einer Pariser
Bibliothek erblickt zu haben.

Es ist vermutlich „Der Spiegel", den Timm
in Paris gelesen hat. Veröffentlicht dieser doch
in seiner Ausgabe vom 12. Juni 1967 das
Henschel-Foto, das am 6./7. Juni bereits auf
der Titelseite der „Wahrheit" erschienen und
danach als Titelbild vom „FU Spiegel" und vom

„Extra-Blatt" nachgedruckt worden ist, einer
im Republikanischen Club, einem Forum der
Außerparlamentarischen Opposition, erstellten
Zeitung, die sich als Berliner „Gegenöffent-
lichkeit" versteht. Diese Zeitung unterstützt
der „Spiegel"-Herausgeber Rudolf Augstein
finanziell, was eventuell den Transfer des
Fotos in sein Organ erklärt. Auch der „Stern"
veröffentlicht das Henschel-Foto am 25. Juni
1967 in einem Artikel über eine von Studenten
der FU organisierte Fotoausstellung, welche
die polizeiliche Gewalt am Abend dokumentiert. Sebastian Haffner, dessen Kolumne dem
Ausstellungsbericht vorangestellt ist, stellt die
Kontinuität zwischen NS-Zeit und Gegenwart
heraus. Derselbe Staatsanwalt, der den ver-
prügelten Juden und nicht die prügelnden SA
als Ordnungsstörer belangt habe, sein Name
sei ihm bekannt, sei jetzt mit der Ermittlung
über den Tod Benno Ohnesorgs betraut. Man
könne, so Haffners Fazit, nach der „Berliner
Blutnacht" nicht mehr auf diese Stadt blicken,
sondern „sich nur abwenden, um sich zu er-
brechen".

Die Springer-Presse
stellt Gewalt gegen
Polizisten heraus
und sieht den Tod
Ohnesorgs als
Folge studentischer
Krawalle.

Links:
„Enteignet Axel
Caesar Springer! [...]
Die Gewerbefreiheit
des Herrn Springer hat
dort ihre Grenzen zu
finden, wo sie die
Freiheit der Gesellschaft
einengt und zerstört."
Die Studentenbewegung
will mit dem Bild des
sterbenden Ohnesorg
ihre politischen Forde-
rungen unterstreichen.

Im „Jahresrückblick 1967" der ARD zeigt Joachim Fest ein Bild des schwer verletzten Ohnesorg in Rückenlage auf der Straße, noch ohne helfende Passantin. Es folgen Auszüge aus dem Dokumentarfilm „Der Polizeistaatsbesuch" von Roman Brodman: Bilder, die Masken mit dem Konterfei des Schahs zeigen, „Jubelperser", das Bild eines Demonstranten, dessen erschrockenes, mit Blut besprenkeltes Gesicht ein Kameramann über mehrere Sekunden festgehalten hat. Weitere Sequenzen zeigen berittene Polizisten, die mit Schlagstöcken gegen Demonstranten vorgehen, einen Schlagstock in Großaufnahme und erneut ein Bild Ohnesorgs, jetzt umsorgt von Friederike Dollinger und umringt von weiteren Passanten: Bilder, die den Fotos des „Stern"-Reporters Bernard Larsson ähneln, der vermutlich als Erster am Tatort war.

„Benno Ohnesorg greift zum Gewehr": In seinem Gemälde aus dem Jahr 1968 gibt Johannes Grützke dem erschossenen Studenten die Möglichkeit, sich zu wehren.

Das von Hans Magnus Enzensberger herausgegebene „Kursbuch" publiziert im April 1968 eine „Dokumentation und Analyse" der Ereignisse, die auch zwanzig Fotos enthält. Ausgewählt aus einem Bestand von 600 Aufnahmen zeigen diese Bilder überwiegend die Polizei im brutalen Einsatz gegen Demonstranten. Unter ihnen befinden sich auch zwei Henschel-Fotos, doch nicht sein Ohnesorg-Foto. Die Bildauswahl korrespondiert mit dem Tenor der Analyse: der Kritik an dem autoritären Staat, an der Militarisierung der Berliner Polizei unter den Bedingungen des Kalten Krieges und der Unverhältnismäßigkeit der Mittel im Einsatz staatlicher Gewalt.

Zehn Jahre nach den Ereignissen rückt Henschels Ohnesorg-Foto als das für den 2. Juni repräsentative Bild in die Retrospektive, die der „Stern" der Außerparlamentarischen Opposition widmet, obwohl dem Magazin mit den Larsson-Fotos eine eigene Bildserie zur Verfügung stand. 2007 greift der „Stern" in seiner Serie „Die 68er" erneut auf das Foto zurück. Das „Zeit"-Sonderheft „Das Jahr der Revolte" trifft dieselbe Wahl. Wie kommt es dazu? Was zeichnet dieses eine Foto gegenüber anderen aus? Wie lässt sich sein Aufstieg erklären? „Das Foto, das ihn, den Sterbenden, am Boden Liegenden, zeigt", so Uwe Timm, „versammelt in sich christliche Motive. Diese Frau in einem festlichen schwarzen Umhang, das schwarze Gewand läßt die Arme frei, so kniet sie neben ihm, und der Blick geht nach rechts oben, die Assoziation ist naheliegend: eine religiöse Ikone."

Der Aufstieg des Bildes geht einher mit dem Aufkommen des Begriffs „68er-Generation" sowie dem Übergang von einer täter- zu einer opferzentrierten Betrachtungsweise in

der Holocaust- und Gewaltforschung und wird flankiert von einer anlässlich der Jahrestage in der Presseberichterstattung immer wiederkehrenden Deutung von „1968" als Jugend- und Studentenprotest. Die 68er-Bewegung ist jedoch mehr als eine Studentenbewegung und Generationsrevolte. Sie ist die letzte soziale Bewegung, die noch über einen Gegenentwurf zur bestehenden Gesellschafts-, Wirtschafts-, und Herrschaftsordnung verfügt. Dieses Bild in den Köpfen, die Vision oder Imagination einer „anderen" Gesellschaft, fängt die Kamera des Fotografen Henschel nicht ein. Im Rückblick erscheint das Foto jedoch wie ein Leitmotiv der Bewegung, indem es das Symbolhafte der Szene unterstreicht und als Appell zum Handeln interpretiert.

Oben: Die Beweinungsszene zählt zu den prominentesten Darstellungen der christlichen Ikonografie. Sie zeigt die um den Leichnam Christi gruppierten Trauernden. Als Pietà wird der Bildausschnitt bezeichnet, in dessen Zentrum Maria ihren toten Sohn in den Armen hält. Der Erfolg des Henschel-Fotos lässt sich auch aus der Ähnlichkeit mit diesem traditionellen Motiv erklären.

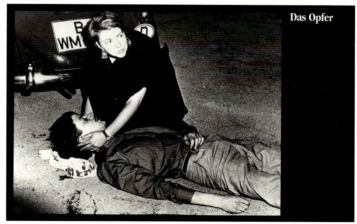

Mitte: Das Henschel-Foto erscheint 1994 in Guido Knopps Sammlung „Die großen Fotos des Jahrhunderts". Der Opfermythos wirkt noch immer.

Unten: Die Fotografen Rafael Krötz und Tobias Binder entwickeln 2004 in Zusammenarbeit mit der Designerin Eva Gronbach die Bildserie „Deutsche Geschichte". Diese Modefotografie präsentiert neue Modelle in nachgestellten historischen Szenen.

Daniela Münkel

Willy Brandt in Warschau –
Symbol der Versöhnung

„Durfte Brandt knien?" Diese Frage stellt das Institut für Demoskopie Allensbach im Auftrag des Nachrichtenmagazins „Der Spiegel" 500 repräsentativ ausgewählten Bundesbürgern kurz nach dem Kniefall des deutschen Bundeskanzlers vor dem Ehrenmal des Warschauer Ghettos am 7. Dezember 1970. Es sei „sicher […], dass der kniende Kanzler für seine Landsleute das Bild des Jahres bot", urteilen die Meinungsforscher. Dennoch bezeichnen 48 Prozent der Befragten die Geste als „übertrieben" und nur 41 Prozent als „angemessen". Auffällig ist, dass die Jüngeren unter 30 Jahren und die über 60-jährigen Älteren die Geste eher gutheißen, wohingegen die 30- bis 59-jährigen Bundesbürger sie überproportional ablehnen. „Der Spiegel" kommentiert dieses Ergebnis mit den Worten: „Weisheit des Alters, so scheint es, kann ebenso wie Unbefangenheit der Jugend das Verständnis wecken für eine Geste, die so ungewöhnlich ist wie das Geschehen, dem sie galt."

Mehrere Fotografen halten die Geste Willy Brandts fest. Doch die größte zeitgenössische Resonanz gebührt dem Foto von Sven Simon.

Auch in der Bewertung des Kniefalls schlägt sich der seit 1967/68 eskalierende Generationenkonflikt über die Auseinandersetzung mit der nationalsozialistischen Vergangenheit nieder. Bei den Zeitgenossen löst der Kniefall Willy Brandts heftige Kontroversen aus: Er spaltet die Gesellschaft ebenso wie die Regierung in Fragen der Deutschland- und Ostpolitik. In der Phase der ersten sozialliberalen Koalition ab 1969 findet die bisher größte Politisierung breiter Bevölkerungsgruppen in der Bundesrepublik statt. Dies schlägt sich nicht nur in zunehmendem politischen Engagement der Bevölkerung nieder, sondern auch darin, dass das Interesse der Bundesbürger an der politischen Berichterstattung in den Massenmedien – hier besonders in der Presse und im Fernsehen – ständig ansteigt. Gleichzeitig findet eine extreme Polarisierung der Meinungen statt. Unter dem Schlagwort „Wandel durch Annäherung" bedeutet die neue Deutschland- und Ostpolitik für eine immer größer werdende Mehrheit

den richtigen Weg zur Aussöhnung mit den östlichen Nachbarländern nach den Verbrechen der Nationalsozialisten während des Zweiten Weltkriegs und zur Entspannung im Kalten Krieg. Sie steht zugleich für die Hoffnung, die Lebenssituation der Menschen in der DDR zu verbessern. Auf der anderen Seite stehen große Teile der CDU/CSU und ihrer Anhänger, die Vertriebenenverbände und ihre Mitglieder sowie viele andere, die in der Ostpolitik den Verrat deutscher Interessen, die Preisgabe ihrer Heimat und die Kapitulation vor den Kommunisten sehen. Vor diesem Hintergrund verwundert es wenig, dass der Kniefall Willy Brandts in Warschau widersprüchliche Reaktionen und erbitterte Diskussionen auslöst.

Titelthema:
In seiner Ausgabe
vom 14. Dezember
1970 widmet sich
„Der Spiegel" dem
Kniefall.

● Ein Bild – zwei „Karrieren"

Das Foto vom knienden Bundeskanzler, das symbolische Politik verwoben mit Realpolitik mediengerecht in Szene setzt, geht um die Welt: Es macht „Karriere", avanciert zur Ikone. Niemand ist über das Vorhaben des Kanzlers informiert, das Bild existiert daher nur in wenigen Perspektiven: Die bekannteste Aufnahme ist die des Fotografen Sven Simon – hinter diesem Pseudonym verbirgt sich Axel Springer junior. Sein Bild zeigt in der Seitenansicht das Denkmal mit einem davorstehenden Soldaten, der sein Gewehr präsentiert, und dem von Brandt niedergelegten Kranz. Eine Stufe tiefer kniet der Kanzler, zu seiner Rechten steht eine Schar von verwunderten Journalisten, Kameramännern und Fotografen. Die wenigen anderen Versionen, die Fotografen der großen Presseagenturen abgelichtet haben, zeigen zumeist nur einen kleineren Ausschnitt: Brandt von vorne oder von der Seite, ohne dass das Denk-

mal zu erkennen wäre – hier rückt primär die Geste in das Blickfeld des Betrachters, weniger der Ort.

Die Botschaft des Bildes ist vielschichtig und spiegelt in der zeitgenössischen Rezeption die gegensätzliche Haltung zur Ostpolitik der sozialliberalen Koalition: Die Einen sehen es als Geste der Versöhnung und Anerkennung deutscher Verantwortung für die nationalsozialistischen Verbrechen. Für die Anderen ist es ein Zeichen dafür, dass die Regierung die deutschen Interessen preisgibt und sich den „Kommunisten" anbiedert. Heute steht es darüber hinaus für den ersten Höhepunkt einer Entwicklung, die langfristig die Auflösung der Blöcke begünstigte und die Bundesrepublik Deutschland als führende Nation – mit allen Rechten und Pflichten – wieder in die Weltgemeinschaft eingegliedert hat.

In Polen schließlich macht das Bild eine ganz andere „Karriere", denn es wird der

Öffentlichkeit weitgehend vorenthalten: Die Fernsehnachrichten blenden es zwar kurz ein, aber in einer Perspektive, die den Ort nicht deutlich erkennen lässt. In einigen Tageszeitungen erscheint das Foto am nächsten Tag – allerdings auf Anordnung der Zensur kleinformatig und nicht an exponierter Stelle. Ein deutscher Bundeskanzler, der erste, der Polen nach dem Ende des Zweiten Weltkriegs besucht – selbst Exilant und erklärter Gegner der Nationalsozialisten – kniet vor dem Mahnmal des ehemaligen Warschauer Ghettos. Ein solches Bild passt aus mehreren Gründen nicht in die offizielle Linie der polnischen Partei- und Staatsführung: Zum einen könnte es die antideutschen Ressenti-

Begrüßung der Ehrenformation: Zum Programm in Warschau gehört auch eine Kranzniederlegung am Grabmal des Unbekannten Soldaten.

ments der polnischen Bevölkerung, welche die Politik für innenpolitische Zwecke instrumentalisiert, konterkarieren. Zum anderen stört der Ort des Geschehens das politische und geschichtspolitische Konzept der Machthaber. Einerseits steht er im Gegensatz zur antijüdischen Politik der polnischen Regierung, die seit den späten 1960er Jahren zahlreiche polnische Juden durch ständige Schikanen mehr oder weniger zur Ausreise zwingt. Andererseits befürchtet die polnische Partei- und Staatsführung, dass der Symbolgehalt des Ortes wieder in erster Linie die jüdischen Opfer des Nationalsozialismus und nicht die polnische Bevölkerung in den Mittelpunkt der Aufmerksamkeit rückt –

Als ich im Dezember 1970 nach Warschau flog, um den Vertrag mit der Volksrepublik Polen zu unterzeichnen, fühlte ich, daß ich mich – stellvertretend für meine Landsleute – auf einen Prüfstand der Geschichte zu begeben hatte.

Quelle: Willy Brandt, Begegnungen und Einsichten.
Die Jahre 1960–1975, Hamburg 1976

eine Einschätzung, die viele polnische Bürger teilen. Schließlich tritt das Ereignis angesichts der politischen Entwicklungen in Polen kurz nach dem Kanzlerbesuch in den Hintergrund: Streiks, ausgelöst durch die massive Erhöhung der Preise für Grundnahrungsmittel durch den ungeliebten Parteichef Wladislaw Gomulka, bringen das Land fast an den Rand eines Bürgerkriegs. Auch in den folgenden Jahren passt der kniende Brandt nicht in das Propagandakonzept der polnischen Kommunisten. Das Bild wird äußerst selten gezeigt. So verwundert es wenig, dass der Kniefall Willy Brandts in Polen weder zum Symbol noch zur Ikone der deutsch-polnischen Aussöhnung werden konnte.

● Presseecho in der Bundesrepublik

Die Reaktionen der bundesrepublikanischen Medien auf den Kniefall in Warschau sind zum Teil sehr positiv und emotionsgeladen. Dies gilt insbesondere für die linksliberale Presse, die Brandt und seine Politik seit dem Wahlkampf 1969 mit Nachdruck unterstützt. So beschreibt beispielsweise Hermann Schreiber im „Spiegel" vom 14. Dezember 1970 seine Eindrücke aus Warschau durchaus pathetisch:

„Willy Brandt kniet. Er hat mit zeremoniellem Griff die beiden Enden der Kranzschleife zu-

rechtgezogen, obwohl sie kerzengerade waren. Er hat einen Schritt zurück getan auf dem nassen Granit. Er hat einen Augenblick verharrt in der protokollarischen Pose des kranzniederlegenden Staatsmannes. Und ist auf die Knie gefallen, ungestützt, die Hände übereinander, den Kopf geneigt. Da, wo er kniet, war Hölle. Hier war das Warschauer Ghetto. [...] Dann kniet er, der das nicht nötig hat, da für alle, die es nötig haben, aber nicht da knien – weil sie es nicht wagen oder nicht können oder nicht wagen können. Dann bekennt er sich zu einer Schuld, an der er selber nicht zu tragen hat, und bittet um eine Vergebung, derer er selber nicht bedarf. Dann kniet er da für Deutschland."

Das Motiv der Schuldanerkennung und Versöhnung durch jemanden, der selbst nicht

Bundeskanzler Willy Brandt und der polnische Ministerpräsident Josef Cyrankiewicz reichen sich nach Unterzeichnung des Warschauer Vertrags die Hand. Dem historischen Moment wohnen auch Bundesaußenminister Walter Scheel und Staatssekretär Egon Bahr bei.

Ausdruck zu geben, hat mehr als alle Reden dazu beigetragen, lange Verhärtetes in der polnischen Hauptstadt aufzubrechen."

Und der „Kölner Stadt-Anzeiger" schreibt aus heutiger Sicht fast prophetisch: „Von dieser Geste Brandts werden die Menschen noch sprechen, wenn der Vertrag mit Polen längst vergessen ist."

Axel Springer, einer der exponiertesten Gegner von Brandts Deutschland- und Ostpolitik, setzt die ganze Macht seines Presseimperiums ein, um die öffentliche Meinung gegen die Politik der Bundesregierung zu mobilisieren. Dennoch berichten die Zeitungen des Springer-Verlags positiv über den Kniefall. So kann sich die „Welt am Sonntag" nicht zu einer offenen Kritik durchringen. „Willy Brandt wollte in Demut eine Vergebung für diese Deutschen (von 1943) erflehen. Anders ist nicht zu verstehen, was er tat. Keiner von denen, mit denen er zum Kranz-gedenken für die

Bühnenreif:
Die Oper „Kniefall in
Warschau" von Gerhard
Rosenfeld wird im
November 1997 in
Dortmund uraufgeführt.

schuldig geworden ist, findet sich in zahlreichen Artikeln. Die Emotionalität der Geste und die möglichen positiven Folgen für die zukünftige Ost-West-Verständigung hebt etwa Hansjakob Stehle am 11. Dezember 1970 in der „Zeit" hervor:

„Brandt weiß nur zu gut, daß sich ein Staatsmann nur selten Emotionen leisten kann. Daß er sie sich an diesem Tag nicht versagte, seiner Erschütterung

Wortspiel:
Auch als Memory-
karte eignet sich der
„Bußfall", der mit dem
„Fußball" ein gemisch-
tes Doppel eingeht.

ermordeten Juden kam, war darauf vorbereitet oder ahnte auch nur den bevorstehenden Kniefall, den ein Ulbricht nie getan hätte", ist dort zu lesen. Selbst die „Bild"-Zeitung veröffentlicht das Foto vom Kniefall Willy Brandts auf der Titelseite der Ausgabe vom 8. Dezember 1970 und bemerkt: „Der Kanzler hatte Tränen in den Augen". Diese positive Bewertung schlägt allerdings in der gleichen Ausgabe in Attacken gegen die Ostverträge um: In einem Artikel mit der Überschrift „Diese Morgenröte ist die Farbe auf der Fahne der Gewalt" kommentiert Axel Springer persönlich den Abschluss des Warschauer Vertrags und warnt einmal mehr vor den Gefahren einer Politik, die eine „tiefe Kluft in das deutsche Volk" reißen werde. Er kons-

tatiert, „wer an die Chance einer fruchtbaren Kooperation glaubt, verwechselt politischen Okkultismus mit Wirklichkeitssinn". Wenn auch die Ostverträge der sozialliberalen Regierung weiter im Mittelpunkt der Kritik stehen und die bundesdeutsche Bevölkerung sie kontrovers diskutiert, scheint sich die Geste des Kniefalls und ihre Botschaft der Versöhnung jeder veröffentlichten Kritik zu entziehen – sie wirkt losgelöst vom politischen Alltagsgeschäft. Auch der konservative „Rheinische Merkur" argumentiert ähnlich: „Auch wer dem Warschauer Vertrag ablehnend gegenübersteht, den mußte diese lange Minute des kniend verharrenden Brandt nachdenklich stimmen. [...] Wenn jemand meint, Brandt habe hier des Guten

Dreißig Jahre Warschauer Vertrag: Bei seinem Besuch in Polen weiht Bundeskanzler Gerhard Schröder im Dezember 2000 ein Denkmal ein, das an den Kniefall Willy Brandts erinnert.

zuviel getan, kann er dies nur, indem er ein Stück deutscher Geschichte verdrängt und bagatellisiert."

● **Spontane Reaktion oder bewusste Inszenierung?**

Nicht nur die Legitimität und die Botschaft der Geste Willy Brandts in Warschau entzünden Diskussionen, daneben wird immer wieder spekuliert, ob der Kniefall spontan oder geplant gewesen sei. Brandt selbst betont seinerseits beharrlich die Spontaneität der Handlung. Dies kann als Teil einer Stilisierung und Gesamtinszenierung gelesen werden. In seinen „Erinnerungen" aus dem Jahr 1989 erklärt er dazu: „Das Warschauer Programm sah am Morgen nach meiner Ankunft zwei Kranzniederlegungen vor, zunächst am Grabmal des Unbekannten Solda-

ten. Dort gedachte ich der Opfer von Gewalt und Verrat. Auf die Bildschirme und in die Zeitungen der Welt gelangte das Bild, das mich kniend zeigte – vor jenem Denkmal, das dem jüdischen Stadtteil und seinen Toten gewidmet ist. Immer wieder bin ich gefragt worden, was es mit dieser Geste auf sich gehabt habe. Ob sie etwa geplant gewesen sei? Nein, das war sie nicht. Meine engen Mitarbeiter waren nicht weniger überrascht als jene Reporter und Fotografen, die neben mir standen, und als jene, die der Szene ferngeblieben waren, weil sie ,Neues' nicht erwarteten. Ich hatte nichts geplant, aber Schloß Wilanow, wo ich untergebracht war, in dem Gefühl verlassen, die Besonderheit des Gedenkens am Ghetto-Monument zum Ausdruck bringen zu müssen. Am Abgrund der deutschen Geschichte und unter

Achim Greser und Heribert Lenz karikieren den „Medienkanzler" Schröder, als dieser im Jahr 2000 Warschau besucht.

Willy Brandt in Warschau – Symbol der Versöhnung

der Last der Millionen Ermordeten tat ich, was Menschen tun, wenn die Sprache versagt."

Die Mystifizierung des Kniefalls als spontane Geste steigert deren Wirkung und ist integraler Bestandteil der Inszenierung – dessen dürfte sich Brandt, der erste moderne Medienkanzler der Bundesrepublik, bewusst gewesen sein. Da er nicht einmal seine engsten Mitarbeiter und Freunde im Vorfeld informiert hat und keine Aufzeichnungen – außer der publizierten Erinnerungsliteratur – von Brandt selbst überliefert sind, lässt sich die Frage nicht mehr eindeutig klären.

Egon Bahr, langjähriger enger Vertrauter Brandts und Mitbegründer der neuen Deutschland- und Ostpolitik, schreibt 1996 in seinen Erinnerungen:

„Wir steigen in Ruhe aus und haben es nicht eilig, uns der dichten Menge von Journalisten und Photographen zu nähern – da wird es plötzlich ganz still. Daß dieses hartgesottene Völkchen verstummt, ist selten. Beim Nähertreten flüstert einer: ‚Er kniet.' Gesehen habe ich das Bild erst, als es um die Welt ging. Den Freund zu fragen, habe ich mich auch am Abend beim letzten Whisky gescheut. Daß einer, der frei von geschichtlicher Schuld, geschichtliche Schuld seines Volkes bekannte, war ein Gedanke, aber große Worte zwischen uns waren unüblich."

Auch hier wird nur deutlich, dass auch Egon Bahr nicht eingeweiht war. Ob Brandt sich seinen Schritt längerfristig überlegt hat, bleibt offen. Es spricht jedoch viel dafür, dass der Bundeskanzler sein Vorgehen und dessen Wirkung genau kalkuliert hat. Zum einen lässt dies seine große Professionalität als (Medien-)Politiker vermuten. Zum anderen sind ihm die Aussöhnung mit dem Osten und das Gelingen seiner Ostpolitik zu wichtig, um sich seine Handlungen und deren mögliche Folgen nicht eingehend zu überlegen. Wichtig ist die politische Botschaft, die hinter der Geste steht, doch diese allein reicht nicht aus. Die Verbindung von Form und Inhalt ist hier entscheidend, und dies ist dem „Medienprofi" Brandt bewusst. Eine einzige Geste, eine Sequenz von wenigen Minuten transportiert einem Millionenpublikum medien- beziehungsweise fernsehgerecht Politik. Die gleiche Wirkung durch lange politische Reden zu erzielen, wäre kaum möglich gewesen.

● **Die Ikone**

Heute gibt es in der politischen und gesellschaftlichen Öffentlichkeit in Deutschland schon lange keine kontroversen Debatten mehr über diese Geste des ehemaligen Bundeskanzlers. In der Historiografie tauchen an der einen oder anderen Stelle zwar immer mal wieder Versuche auf, eine (Neu-)Interpretation zu liefern, diese wirken sich aber nicht auf die populäre und geschichtspolitische Rezeption des Bildes aus. Der Kniefall in Warschau ist über alle Parteigrenzen hinweg fest im kollektiven Gedächtnis verankert; das Foto ist zur Ikone geworden und gehört zum allgemeinen Bildrepertoire Deutschlands – in West und Ost. Keine illustrierte Geschichte der Bundesrepublik, kein Dokumentarfilm, kein Geschichtsbuch für Schulen, keine Ausstellung zum Thema kommt ohne das Bild des Kniefalls von Willy Brandt aus.

Imagepflege:
„Bild" wirbt im Jahr 2007 mit dem Kniefall Willy Brandts.

Petra Terhoeven

Die Fotografien des entführten Hanns Martin Schleyer – Ikonen des Terrorismus

Am 24. Oktober 2007, genau dreißig Jahre nach dem Staatsbegräbnis für den von Mitgliedern der „Roten Armee Fraktion" ermordeten Hanns Martin Schleyer, findet in den Räumlichkeiten des Deutschen Historischen Museums in Berlin eine Gedenkveranstaltung statt. Sie gilt den insgesamt 36 Opfern des RAF-Terrorismus, die zwischen 1971 und 1993 getötet wurden. Bundestagspräsident Norbert Lammert beklagt vor Überlebenden und Angehörigen die verbreitete „Gedankenlosigkeit der Öffentlichkeit" im Umgang mit dem Schicksal der Toten und ihrer Familien. So nutze die Presse nach wie vor die von den Terroristen aufgenommenen Fotos Hanns Martin Schleyers aus dem Herbst 1977 als Erkennungsbilder für Artikelserien über die RAF. Auf diese Weise werde die „demonstrative Demütigung" des Managers „gewissermaßen posthum fortgesetzt".

25. September 1977 (links)
6. Oktober 1977 (Mitte)
13. Oktober 1977 (rechts)

Tatsächlich reproduzieren die Medien die grobkörnigen Aufnahmen des Arbeitgeberpräsidenten in der Gewalt seiner Entführer bis heute so häufig wie kaum ein anderes Bild der deutschen Nachkriegsgeschichte. Es sind Ikonen der „bleiernen Zeit", welche die Herausforderung, die der Linksterrorismus in den 1970er und 1980er Jahren für Staat und Gesellschaft der Bundesrepublik bedeutet hat, auf einmalige Weise symbolisch verdichten. Nicht zufällig wurden sie auch in verschiedenen, oft kontrovers diskutierten Filmproduktionen nachgestellt, von Heinrich Breloers „Todesspiel" aus dem Jahr 1997 bis zu Ulrich Edels „Baader-Meinhof-Komplex" von 2008. Die Organisatoren der Berliner Feierstunde setzen dagegen auf eine andere Symbolpolitik, die sich bewusst vom massenmedialen Mainstream absetzt. Den optischen Rahmen der Veranstaltung bilden Stellwände mit überlebensgroßen Schwarz-Weiß-Porträts aller Ermordeten – Aufnahmen, auf denen die Abgebildeten noch selbst darüber hatten entscheiden können, in welcher Form sie sich dem Fotografen präsen-

Die Fotografien des entführten Hanns Martin Schleyer –
Ikonen des Terrorismus

tierten. Zusätzlich soll die öffentliche Verlesung aller 36 Namen durch Berliner Schüler die Individualität der Toten jenseits der Identität des Opfers betonen, auf die sie die Anschläge der RAF wie der nachfolgende Erinnerungsdiskurs reduziert haben.

● Das Foto als Element terroristischer Praxis

Die gegen den Willen der Betroffenen aufgenommenen Fotografien, die linksextreme Terrororganisationen in den 1970er Jahren von ihren Geiseln verbreiten, fungieren nicht nur als Instrumente einer pervertierten Öffentlichkeitsarbeit. Als Mittel der bewussten Demütigung und Zermürbung des willkürlich zum Gegner erklärten Opfers sind sie vielmehr Teil des terroristischen Gewaltaktes selbst. So soll das Polaroid, das die Entführer am 6. September 1977 von Hanns Martin Schleyer anfertigen – nach der Kölner Schießerei vom Vortag, bei der sein Fahrer und seine drei polizeilichen

Bewacher im Kugelhagel ihr Leben verlieren –, nur am Rande die körperliche Unversehrtheit des Arbeitgeberpräsidenten nachweisen. Das Foto zielt vor allem auf eine triumphale Machtdemonstration der RAF, die den wohl einflussreichsten Vertreter der deutschen Wirtschaft unter dem martialischen Logo der Gruppe als hilflose, verletzliche, auf ihre Körperlichkeit reduzierte Kreatur vorführt. Bezeichnenderweise haben die Geiselnehmer Schleyer dazu angehalten, vor dem Fotografen alle äußeren Zeichen seiner Stellung abzulegen, mit denen er üblicherweise vor die Öffentlichkeit tritt: Die dunkle Anzugjacke, die Krawatte und den korrekten Hemdkragen hat er gegen einen Trainingsanzug austauschen müssen, dessen nicht geschlossene Jacke die nackte Brust und ein dunkles Unterhemd preisgibt. Beides könnte auf die Sphäre ungezwungener Privatheit verweisen, wenn sich nicht solche Assoziationen angesichts der Bitterkeit und Verlorenheit im Gesichtsausdruck Schleyers sowie des

Am 5. September 1977 bringt die RAF im Kölner Stadtteil Braunsfeld Hanns Martin Schleyer in ihre Gewalt. Dabei sterben vier seiner Begleiter, bevor die Terroristen den Arbeitgeberpräsidenten in einen weißen VW-Bus zerren. Der „Stern" berichtet am 8. September 1977.

Montag, 5. September, 17.28 Uhr, Ecke Vincenz-Statz- und Friedrich-Schmidt-Straße in Köln-Braunsfeld: Ein auf die Straße geschobener Kinderwagen und ein gelber Mercedes stoppten die Wagen von Arbeitgeberpräsident Hanns-Martin Schleyer und seinen Sicherheitsbeamten. Fünf Terroristen durchsiebten die Fahrzeuge mit MPi-Salven. Sekunden später waren Schleyers Fahrer und drei Polizeibeamte tot, Schleyer entführt. Die größte Fahndung in der Geschichte der Bundesrepublik begann

Das Attentat in Köln

am montag, den 5.9.77 hat das kommando siegfried hausner den präsidenten des arbeitgeberverbands und des bundesverbandes der deutschen industrie, hanns martin schleyer, gefangengenommen. zu den bedingungen seiner freilassung [...]:

das ist die sofortige einstellung aller fahndungs-maßnahmen – oder schleyer wird sofort erschossen. sobald die fahndung gestoppt wird, läuft schleyers freilassung unter folgenden bedingungen:

1. die gefangenen aus der raf:

andreas baader, gudrun ensslin, jan-carl raspe, verena becker, werner hoppe, karl-heinz dellwo, hanna krabbe, bernd rösner, ingrid schubert, irmgard möller werden im austausch gegen schleyer freigelassen und reisen in ein land ihrer wahl.

[...]

4. jedem der gefangenen werden 100.000 dm mitgegeben.

5. die erklärung, die durch schleyers foto und seinen brief als authentisch identifizierbar ist, wird heute abend um 20 uhr in der tagesschau veröffentlicht, und zwar ungekürzt und unverfälscht.

6. den konkreten ablauf von schleyers freilassung legen wir fest sowie wir die bestätigung der freigelassenen geiseln haben, daß sie nicht ausgeliefert werden, und die erklärung der bundes-regierung vorliegt, daß sie keine auslieferung betreiben wird. wir gehen davon aus, daß schmidt, nachdem er in stockholm demonstriert hat, wie schnell er seine entscheidungen fällt, sich bemühen wird, sein verhältnis zu diesem fetten magnaten der nationalen wirtschaftscreme ebenso schnell zu klären.

am 6.9.1977

KOMMANDO SIEGFRIED HAUSNER

RAF

Quelle (beide Zitate): Presse- und Informationsamt der Bundes-regierung, Dokumentation zu den Ereignissen und Entscheidungen im Zusammenhang mit der Entführung von Hanns Martin Schleyer und der Lufthansa-Maschine „Landshut", Bonn 1977 (2. Auflage)

```
Mir wird erklärt, daß die Fortführung der Fahndung mein Leben
gefährde. Das gleiche gelte, wenn die Forderungen nicht erfüllt
und die Ultimaten nicht eingehalten würden.
Mir geht es soweit gut, ich bin unverletzt und glaube, daß ich
freigelassen werde, wenn die Forderungen erfüllt werden. Dies ist
jedoch nicht meine Entscheidung.
6.9.1977   Hanns Martin Schleyer
```

großformatigen Schildes in seinen Händen von vornherein verbieten würden.

● Präzedenzfall Peter Lorenz

Das Arrangement des Fotos weist nicht zufällig zahlreiche Parallelen zu einem Bild auf, das schon zweieinhalb Jahre zuvor im Zusammenhang mit der ersten politischen Entführung in der Geschichte der Bundesrepublik Deutschland für Aufsehen gesorgt hatte. Am 27. Februar 1975 bringen Mitglieder der in Berlin aktiven terroristischen Gruppierung „Bewegung 2. Juni" den CDU-Politiker Peter Lorenz, Spitzenkandidat seiner Partei bei den unmittelbar bevorstehenden Wahlen zum Berliner Abgeordnetenhaus, in ihre Gewalt, wobei sein Fahrer niedergeschlagen, nicht aber lebensbedrohlich verletzt wird. Kurz darauf verbreiten sie ein Foto von Lorenz, dessen Bildsprache keinen stärkeren Kontrast zur visuellen Botschaft der Wahlplakate bilden könnte, die zeitgleich in den Straßen Berlins allgegenwärtig sind. Die Fotografie zeigt Lorenz – der ausgerechnet mit dem Slogan „Mehr Tatkraft schafft mehr Sicherheit" in den Wahlkampf gezogen ist – als hilfloses menschliches Bündel, den Körper zur

Hälfte in eine Decke gewickelt, im Gesicht deutliche Spuren vorausgegangener Gewaltanwendung, ungekämmt, mit verstörtem Blick und ohne die gewohnte Brille. Seine Entführer haben ihm ein Schild um den Hals gehängt, auf das sie mit ungelenken Buchstaben „Peter Lorenz – Gefangener der Bewegung 2. Juni" geschrieben haben. Den völlig unvorbereiteten Politikern erscheint die Situation, mit der sie das Foto denkbar drastisch konfrontiert, unerträglich – nicht zuletzt auch mit Blick auf die bevorstehenden Wahlen. Wie verlangt tauscht die Bundesregierung den Entführten nach kurzer Zeit gegen mehrere Gesinnungsgenossen der Geiselnehmer aus, die in deutschen Gefängnissen einsitzen. Im Zuge der Berichterstattung über die Heimkehr und den ersten öffentlichen Auftritt des Freigelassenen ergießt sich über die Seiten der deutschen Tagespresse eine wahre Bilderflut. Die ungewöhnlich zahlreichen Fotos, die die wiedervereinten Eheleute Lorenz und vor allem den wieder in

*Die „Bewegung 2. Juni"
entführt den CDU-
Politiker Peter Lorenz
und fotografiert ihn mit
einem Schild, das ihn als
Gefangenen der Terroristen ausgibt. Am 6. März
1975, zwei Tage nach
seiner Freilassung, veröffentlicht der „Stern"
das Bild auf der Titelseite.*

'nem Schildchen auf der Brust, die Bewegung 2. Juni sendet einen schönen Gruß [...]. Mehr Tatkraft schafft mehr Sicherheit: Die Praxis hat's gezeigt. Die Bonzen sind verletzbar – sieben Gefangene sind befreit!"

Die bei der Lorenz-Entführung praktizierte Propaganda der Tat, in deren Mittelpunkt eine Fotografie gestanden hat, ist bei den ausschlaggebenden Adressaten – den Entscheidungsträgern in der Politik einerseits, der Sympathisantenszene andererseits – außerordentlich erfolgreich gewesen. Deshalb ist nicht verwunderlich, dass auch die RAF schließlich nach einigen katastrophal gescheiterten Aktionen auf die gleiche Taktik zurückgreift, um ihre in Stammheim inhaftierten Führungskader freizupressen. Doch eine von der Bundesregierung geforderte Nachrichtensperre verhindert zunächst, dass die Terroristen ihre Foto- und Videoaufnahmen in den Medien verbreiten können. Erst nachdem die französische Nachrichtenagentur AFP die Bilder des entführten Schleyer als „Gefangenem der RAF" im Herbst 1977 veröffentlicht, erreichen sie auch die deutsche Öffentlichkeit. Gegenüber dem Präzedenzfall Lorenz haben sich die Rezeptionsbedingungen allerdings fundamental verändert. Die verantwortlichen Politiker beurteilen das Verhalten während der Lorenz-Entführung im Nachhinein als schweren Fehler und haben sich vorgenommen, sich keinesfalls ein weiteres Mal erpressen zu lassen. Der breiten Öffentlichkeit fehlt nach der blutigen Stockholmer Botschaftsbesetzung und den tödlichen Anschlägen auf Jürgen Ponto und Siegfried Buback jegliches Verständnis für die Botschaften der RAF. Und auch die linke Szene, die sich stets deutlich williger durch die Horrorgeschichten von „Isolationsfolter" und

Links:

Am 12. September 1977 publiziert „Der Spiegel" erstmals das Polaroid vom 6. September und verfremdet es.

Rechts:

Mitgefühl: Die deutsche Presse nimmt das Foto des entführten Arbeitgeberpräsidenten mit Entsetzen auf. Der Plan der Terroristen, ihn als „Boss der Bosse" zu entlarven, scheitert.

gewohnter Manier auftretenden Politiker bei der Pressekonferenz zeigen, dokumentieren eindrucksvoll das Bedürfnis der Öffentlichkeit, sich der Rückkehr des Verschleppten in die Normalität des politischen und familiären Alltags mit eigenen Augen zu vergewissern – als könnten die demütigenden Entführerbilder visuell überschrieben und dadurch vergessen gemacht werden. Mag diese Verdrängung in der Öffentlichkeit auch teilweise gelingen, für Peter Lorenz ist die erlittene Erfahrung traumatisch, obwohl er keine ernsthaften physischen Verletzungen davongetragen hat. Freunde des Opfers geben später zu Protokoll, dass „die Bedrohung seines Lebens und auch jenes entwürdigende Photo, das ihn, den stets gepflegten, gesunden und strahlenden Mann so hilflos, verstört und angeschlagen zeigt, für immer Spuren hinterlassen werden". Sympathisanten der „Bewegung 2. Juni" feiern den spektakulären Coup dagegen mit folgendem Spott-Lied: „Da sitzt er nun im Keller – mit

„Vernichtungshaft" in der „BRD" mobilisieren ließ als durch die Taten der RAF selbst, reagiert auf die Bilder der vier Toten von Köln, die dem Foto des entführten Schleyer vorausgingen, mit massiver Verunsicherung. Hat die dosierte Gewalt der Lorenz-Entführung für diese Klientel noch den Charakter eines gewagten Husarenstücks besessen, kann davon nach den Morden des Jahres 1977 nicht mehr die Rede sein. Das negative Image des kaltschnäuzigen Wirtschaftsmagnaten mit SS-Vergangenheit, das Schleyer auf dieser Seite des politischen Spektrums anhaftet, können die Entführer zudem propagandistisch kaum ausspielen, wenn sie den Austauschwert der Geisel nicht vollends untergraben wollen. Diesmal erscheint das Dilemma, mit derselben Symbolsprache konträre Botschaften vermitteln zu müssen, um gänzlich unterschiedliche Adressaten zu erreichen, nur schwer lösbar. Entsprechend verwerfen sie Pläne, den Arbeitgeberpräsidenten mit dem Schild „Gefangener der eigenen Geschichte" zu fotografieren.

● Demütigung der Opfer

Auch wenn die Entführer gemessen an den technischen Möglichkeiten ihrer Zeit hochmoderne Verfahren der Bildproduktion wählen: Ihr Vorgehen steht letztlich in einer uralten Tradition der öffentlichen Zurschaustellung und Erniedrigung todgeweihter Menschen mit Schrifttafeln, einer Tradition, der in gewissem Sinne bereits die neutestamentarische Kreuzigungsszene zugerechnet werden kann. Im 20. Jahrhundert lassen vor allem die Nationalsozialisten die Schandtafeln der Frühen Neuzeit wiederaufleben, indem sie sogenannte Volksfeinde mit Schildern kennzeichnen. Dabei verleihen sie der Demütigung der Betroffenen

nicht selten Dauerhaftigkeit, indem sie die Szene fotografieren, die sie so über den Kreis der Anwesenden hinaus bekannt machen. Während zunächst vor allem Juden und „Rassenschänder" im „Dritten Reich" unter dieser Form der massiven psychischen Gewalt zu leiden haben, verbreitet sie sich im Verlauf des Krieges als Sinnbild der terroristischen Herrschaft der Deutschen schließlich im gesamten besetzten Europa. Widerstandskämpfer und ihre Helfer, politisch und „rassisch" Verfolgte, aber auch viele Unbeteiligte werden mit Schildern verhöhnt und dem öffentlichen Spott ausgesetzt. Nicht selten verhindern die Besatzer sogar die Bergung und Bestattung Hingerichteter, um durch die Zurschaustellung der Toten ihren brutalen Herrschaftswillen zu demonstrieren und potenzielle Gegner abzuschrecken. Nach Kriegsende ergießt sich eine Abrechnungs- und Vergeltungswelle über die befreiten Staaten, bei der sich die Sieger bis-

Die Nationalsozialisten nutzen im „Dritten Reich" stigmatisierende Schilder, mit denen sie sogenannte Volksfeinde öffentlich demütigen.

weilen auch diese Erniedrigungs- und Ausgrenzungspraxis aneignen. Mit Schandtafeln stigmatisieren sie einheimische Kollaborateure, aber auch Frauen, denen sie Liebesbeziehungen mit deutschen Soldaten vorwerfen, und führen sie anschließend ihrer Strafe zu. Diese kann eine Hinrichtung oder, wie meist im Falle der betroffenen Frauen, eine symbolische Demütigung in Form des öffentlichen Haarescherens sein.

Vor diesem Hintergrund ist es kein Zufall, dass die italienischen Roten Brigaden die zweifelhafte Triumphgeste über ein Vierteljahrhundert später erstmals im europäischen Kontext wieder aufgreifen und unter den Bedingungen moderner Mediengesellschaften perfektionieren. Die Rotbrigadisten, die sich durch die Bezugnahme auf die historische Resistenza zu legitimieren suchen, kennen die entsprechenden Fotografien aus dem Kontext der „antifaschistischen Säuberungen" im Italien der un-

mittelbaren Nachkriegszeit. Seit 1972 machen sie Entführungen missliebiger Manager und Politiker zum Zweck ihrer fotografischen Dokumentation mit obligatorischem Schild um den Hals zum Markenzeichen ihrer zunehmend terroristischen Praxis. Erwiesenermaßen stehen sie dabei von Anfang an in Kontakt mit Gesinnungsgenossen nördlich der Alpen. So rühmen sich ehemalige Mitglieder der Roten Brigaden in ihren Memoiren, die „Bewegung 2. Juni" vor der Lorenz-Entführung ausführlich in dieser Hinsicht beraten zu haben.

● Kommunikative Niederlage der Täter

Aber wie gesehen können sich Bilder als trügerische Waffen erweisen. Ihre Wirkung ist stark kontextabhängig und lässt sich selten genau kalkulieren. Haben die aggressiven Fotografien im polarisierten gesellschaftlichen Klima Italiens in den 1970er Jahren lange Zeit als historische Zitate funktioniert und erhebliche Suggestionskraft entfaltet, sind die entsprechenden Spielräume in der Bundesrepublik bei Weitem geringer. Da in Deutschland die Umdeutung und Wiederaufnahme der makabren Spektakel des „Dritten Reichs" in einem linksgerichteten Kontext nicht erfolgt ist, fühlen sich nicht wenige Beobachter durch die Schleyer-Fotos ganz unmittelbar an die nationalsozialistischen Erniedrigungspraktiken erinnert. Die RAF erleidet eine kommunikative Niederlage, von der sie sich letztlich nicht mehr erholt. Denn die insgesamt mindestens vier leicht variierten Fotos und zwei Videobänder, welche die Bewacher während der über sechswöchigen Entführung von Schleyer aufgenommen haben, entwickeln sich zu Dokumenten der Unmenschlichkeit der Täter statt zu einer

Staatsbegräbnis: Bundeskanzler Helmut Schmidt fühlt sich aufgrund seiner Entscheidung, den Staat nicht von Terroristen erpressen zu lassen, „verstrickt in Schuld". Zu seiner Linken die Witwe Waltrude Schleyer, zu seiner Rechten der älteste Sohn, Hanns-Eberhard Schleyer, mit seiner Ehefrau Mareike.

wie auch immer gearteten Entlarvung ihres Opfers. „Schleyer geht aus diesem Film sympathischer hervor als er vorher war: Dieser Mensch ist dem Tode nahe und das merkt man. Er sieht wie jede andere Geisel in irgendeinem Krieg aus", empört sich nicht nur die kommunistische französische Tageszeitung „Libération" über die Kontraproduktivität dieser Strategie. Die Bundesregierung empfindet die Aufnahmen erst recht als Skandal, was die Aussichten auf eine nichtmilitärische Lösung des Dramas weiter verringert. Vor allem aber setzt die Gegenseite auf weitere Eskalation. Ein mit der RAF sympathisierendes Kommando der palästinensischen Terrorgruppe PFLP entführt am 13. Oktober ein vollbesetztes Passagierflugzeug der Lufthansa, das eine Spezialtruppe der Antiterrorismus-Einheit GSG 9 erst fünf qualvolle Tage später auf dem Flughafen von Mogadischu befreien kann. Nur einer der Entführer, die zuvor den Piloten der Maschine getötet haben, überlebt. Diese Nachrichten sind für Andreas Baader, Gudrun Ensslin und Jan-Carl Raspe, die in Stammheim einsitzen, der Anlass zum kollektiven Selbstmord. Ihre Gesinnungsgenossen außerhalb der Gefängnismauern entscheiden sich trotz ihrer ausweglosen Situation dazu, Hanns Martin Schleyer zu ermorden. Die nächsten Bilder, die die Bundesbürger bewegen, zeigen den Leichnam des Arbeitgeberpräsidenten im Kofferraum eines im elsässischen Mülhausen parkenden Audi 100 und das Staatsbegräbnis in Stuttgart, bei dem Bundeskanzler Helmut Schmidt wie versteinert neben der leidgeprüften Witwe Schleyers ausharrt.

Mit der Unmenschlichkeit der von ihnen inszenierten Bilder haben sich die Täter unumkehrbar delegitimiert. Aus dieser Perspektive ist

eine undifferenzierte Kritik an der häufigen Reproduktion der Ikonen aus dem „Deutschen Herbst" zweifellos zu relativieren. Nach dem Entführungsopfer Schleyer sind heute Sporthallen, Straßen und Plätze benannt, womit dieser „als Person der politischen Geschichte kein Opfer mehr" sei, wie unlängst der Kunsthistoriker Rolf Sachsse angemerkt hat. Auch das sei „eine Wirkung dieses Bildes". Noch überzeugender hat die US-amerikanische Essayistin Susan Sontag dafür plädiert, die Gewaltbilder nicht zu trivialisieren, aber ihnen auch nicht auszuweichen: „Auch wenn sie nur Markierungen sind und den größeren Teil der Realität, auf die sie sich beziehen, gar nicht erfassen können, kommt ihnen eine wichtige Funktion zu. Die Bilder sagen: Menschen sind imstande, dies anderen anzutun – vielleicht sogar freiwillig, begeistert, selbstgerecht. Vergeßt das nicht."

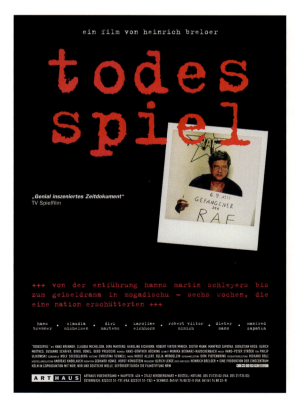

Heinrich Breloer gelingt 1997 mit „Todesspiel" eine anspruchsvolle Auseinandersetzung mit dem RAF-Terrorismus. Der Fernsehfilm beeindruckt insbesondere durch die schauspielerische Leistung von Hans Brenner als Hanns Martin Schleyer.

Herfried Münkler

9/11 – Das Bild als Waffe in einer globalisierten Welt

Die Bilder der brennenden Twin Towers in New York stehen für das Auftauchen einer neuartigen Bedrohung, gegen die herkömmliche militärische Instrumente nicht anzukommen vermögen. Sie haben sich zum Inbegriff dafür entwickelt, dass ein potenzieller Nuklearkonflikt zwischen den Supermächten, der die Welt über mehrere Jahrzehnte mit wechselnder Intensität in Atem gehalten hat, nicht länger den ersten Platz in der Rangfolge der Gefahren einnimmt. Dass Terroristen Passagierflugzeuge entführen, um mit diesen ein ziviles Ziel anzugreifen, hat mit einem Schlag die Wahrnehmung der Bedrohungslage und deren mediale Repräsentationen verändert. An die Stelle der Roten Armee mit ihren Panzerdivisionen, Kampfhubschraubern und mobilen Raketensystemen sowie der russischen Generale mit den großen Tellermützen sind die islamistischen Kämpfer mit Bart und Turban getreten. Ließen sich Bedrohungsszenarien zuvor durch Vorwarnzeiten, rote Telefone und schrittweise Eskalation bändigen, so dominiert nun die Vorstellung des unmittelbaren, plötzlichen Angriffs. Die Anschläge des 11. September 2001 sind buchstäblich aus heiterem Himmel erfolgt, und es gibt gute Gründe für die Annahme, dass sich ähnliche Attacken jederzeit wiederholen können.

● Sinnbild einer Epochenwende

Die Rauchfahne des brennenden World Trade Centers, die in den klaren Morgenhimmel über New York aufsteigt; das in einer eleganten Linkskurve herannahende Flugzeug, das in den zweiten, bis dahin noch unversehrten Turm einschlägt und sich in einen schaurig-schönen Feuerball verwandelt; dann die beiden Türme, die nacheinander zersplitternd in sich zusammenbrechen und ganz Manhattan in einer gewaltigen Staubwolke versinken lassen; schließlich, nachdem sich der Staub verzogen hat, der Trümmerberg mit dem daraus hervorragenden Stahlskelett, das an die Ikonografie von Golgatha erinnert – diese vier ikonischen Verdichtungen in der dramatisch beschleunig-

ten Bildabfolge des 11. September 2001 sind das Symbol einer Epochenwende, das auch in Zukunft den Übergang vom 20. ins 21. Jahrhundert markieren wird.

Hoffnungen wie Ängste eines Zeitalters finden ihren Ausdruck fast immer in einigen wenigen Bildern, die durch ihre ästhetische Kraft das Wesen einer Epoche sichtbar machen. In der zweiten Hälfte des 20. Jahrhunderts löst der in den Himmel aufsteigende Atompilz das vorherrschende Bedrohungsempfinden aus. Die zumeist bei Atomwaffentests entstandenen Aufnahmen veranschaulichen mit der senkrechten Säule aus Staub und Rauch sowie der pilzförmigen Auswölbung ihres oberen Endes zunächst die neue Macht des Menschen über die Natur. Allerdings ist ein sicherer Abstand erforderlich, um das Schauspiel genießen zu können und nicht dem Lichtblitz, der Feuerwalze und schließlich dem radioaktiven Niederschlag zum Opfer zu fallen. All diese Gefahren evoziert die Momentaufnahme des Atompilzes, und so verwandelt sich der erste Eindruck gewaltiger

Schönheit in den Schrecken unsäglichen Leids und der beständigen Gefahr menschlicher Selbstvernichtung.

Nach Gipfelgesprächen in Genf 1985 und Reykjavik 1986 unterzeichnen der US-Präsident Ronald Reagan und der sowjetische Generalsekretär Michail Gorbatschow am 8. Dezember 1987 in Washington einen Vertrag zur Beseitigung der nuklearen Mittelstreckensysteme. Durch die Beendigung des Wettrüstens der Supermächte verliert der Atompilz als die Ikone einer Epoche an Bedeutung. Die 1990er Jahre sind eher von der Vorstellung eines von den Vereinten Nationen kontrollierten Friedens geprägt, den diese gegebenenfalls auch vermittels militärischer Interventionen durchsetzen. Als Ikonen dieser Zeit dienen das New Yorker UN-Gebäude am East River, der Palmzweig oder gelegentlich auch die plastisch und bildlich umgesetzte Formel „Schwerter zu Pflugscharen". Die Geschichte des Krieges scheint zu Ende gegangen zu sein. Doch dann kommt der 11. September 2001, und mit einem Schlag

verschwinden die Erwartungen einer Epoche des Friedens und der Gerechtigkeit.

Die Bilder der brennenden und in sich zusammenstürzenden Twin Towers stehen somit für eine doppelte Epochenwende: Zum einen lösen sie als ikonische Verdichtung von Erfahrung und Erwartung den Atompilz ab; zum anderen beenden sie die noch in dessen Schatten gewachsene Hoffnung, die Politik der Konfrontation lasse sich nunmehr, da die Menschheit aus den Fehlern und Leiden der Vergangenheit gelernt habe, in eine Politik der globalen Kooperation überführen, bei der es nur noch einen Wettstreit um die schnellsten und kostengünstigsten Wege zu gemeinsamen Zielen gebe. Im ersten Fall bezeichnet das Symbol der brennenden Türme einen Wechsel in der Art der Bedrohung, der sich der Westen ausgesetzt sieht; im zweiten Fall steht es für das jähe Ende der gerade erst gekeimten Hoffnung auf eine Welt des Friedens, der Gerechtigkeit und der Solidarität.

● **Symbolpolitische Ambivalenz**

Für die US-Amerikaner und die sich ihnen verbunden fühlenden Europäer wird 9/11 zum Inbegriff einer neuen Gefahr, die zwar eine längere Vorgeschichte hat, in diesem Ausmaß und dieser Intensität aber nicht bekannt ist. Vor dem 11. September ist Terrorismus im Allgemeinen eine innerstaatliche beziehungsweise innergesellschaftliche Gewaltanwendung, eine Strategie, die im Rahmen von Revolutionen und Bürgerkriegen eine Rolle spielt, ohne die internationale Politik und das Verhältnis zwischen den Staaten wesentlich zu beeinflussen. Die

Angriffe auf die Twin Towers hingegen machen den Terrorismus zu einer Herausforderung der internationalen Strukturen, der globalen Ordnung. Der „war against terrorism", den die US-Regierung bald nach dem Angriff verkündet, ist insofern kein Krieg gegen einen identifizierbaren Gegner – auch wenn Osama bin Laden und das Netzwerk al Qaida immer wieder als solcher visualisiert werden. Es ist vielmehr ein vermutlich vergeblicher Versuch, Terrorismus als einen neuen Typ gewalttätiger Willensbekundung aus dem Bereich der internationalen beziehungsweise globalen Politik wieder verschwinden zu lassen. In gewisser Hinsicht bedeutet dies auch, die Ereignisse des 11. September und deren mediale Nachwirkungen auf den Status einer Episode zurückzudrängen und so zu verhindern, dass sie zum „Geschichtszeichen", zum Symbol einer Epochenwende werden. Der „war against terrorism" ist also im Wesentlichen ein Kampf gegen den Symbolwert der brennenden Twin Towers und damit gegen die Ikone einer bis dahin politisch unvorstellbaren Angreifbarkeit der USA.

Dieser Krieg ist vermutlich nicht zu gewinnen, weil er letzten Endes ein Krieg gegen die Medien und die Suggestivität der durch sie verbreiteten Bilder ist. 9/11 kann als das Ende einer

Ära gelten, in der die USA aufgrund ihrer geografischen Lage und der Macht ihrer Marine- und Luftstreitkräfte für äußere Gegner unangreifbar waren. Die Vereinigten Staaten haben zwar Niederlagen und Demütigungen erfahren, etwa in Vietnam, aber dies war nur außerhalb ihres Territoriums möglich, dort, wo sie sich in die Angelegenheiten anderer Völker und Staaten einmischten. Bis zum 11. September sind die USA nur an der Peripherie ihrer imperialen Macht angreifbar gewesen, nicht jedoch in ihrem Zentrum. Diese Vorstellung war eigentlich falsch, seit die Sowjetunion über Interkontinentalraketen verfügte, die keine noch so effektive Luftverteidigung abzuwehren vermochte. Doch die wechselseitige nukleare Bedrohung der Supermächte führte zumindest dazu, dass diese Verletzlichkeit potenziell blieb, weil eigene Rüstungsanstrengungen sie ausgleichen konnten – zumindest solange es sich um einen rationalen Gegenakteur handelte, der an seiner eigenen Fortexistenz interessiert war. So sehr, wie die (West-)Deutschen unter dem System der nuklearen Abschreckung gelitten haben, hat es die US-Amerikaner beruhigt und ihnen ein Gefühl von Sicherheit vermittelt.

Der Schrecken, der von den Terrorangriffen des 11. September ausgeht, resultiert nicht zuletzt daraus, dass diese beiden Grundannahmen aus der Zeit des Kalten Krieges, die Kompensierbarkeit von Verletzlichkeit durch Rüstungsanstrengungen und die Rationalität des Kontrahenten, nicht mehr zutreffen. Gegen Terroristen, die zivile Infrastruktureinrichtungen, wie Flugzeuge und Luftverkehrsverbindungen, zu Angriffswaffen gegen ebenfalls zivile Ziele umfunktionalisieren, helfen noch so große Rüstungsaufwendungen nicht, und der Typus des Selbstmordattentäters hebelt sämtliche

Der 11. September prägt die internationale Medienlandschaft. Die brennenden Twin Towers werden zum ikonischen Zeichen des Attentats, Bilder des ebenfalls angegriffenen Pentagons sind weniger verbreitet.

Mechanismen gegenseitiger Abschreckung aus. Er folgt nicht länger den Regeln, die für bisherige Sicherheitssysteme gegolten haben. Das aber heißt: Sollten die Angriffe vom 11. September Schule machen, so ist die militärische Überlegenheit der USA als Schutz der eigenen Bevölkerung mit einem Schlag wertlos. Es gab also gute Gründe für den Versuch der Bush-Administration, 9/11 zur Episode zu machen. Die immer wieder in Zweifel gezogene Rationalität des US-amerikanischen Agierens nach dem 11. September gewinnt dann deutlichere

Konturen, wenn man annimmt, dass sie nicht nur beabsichtigte, Terrorbasen zu vernichten, sondern auch Bilder auszulöschen: Bilder von der Wehr- und Hilflosigkeit der Weltmacht – einschließlich ihres Präsidenten in dem Augenblick, da ihm die Nachricht von den Angriffen überbracht wird.

Eine etwas andere, bei nicht wenigen Europäern und Südamerikanern, vor allem aber in der „Dritten Welt" anzutreffende Sicht von 9/11 deutet den Anschlag, dessen menschliche Opfer sie durchaus beklagt, als eine Reaktion auf die notorischen Einmischungen der USA in die Angelegenheiten anderer Staaten, der Anzettelung eines Staatsstreichs hier, einer militärisch Intervention dort – kurzum ihres Anspruchs auf die Rolle des Weltpolizisten, wo die USA, so der Verdacht, politisch wie ökonomisch stets ihre eigenen Interessen verfolgt hätten. Was sie anderen auf der Grundlage ihrer militärischen Überlegenheit zugefügt haben, müssten sie nun vonseiten unterlegener Gegenspieler selbst erdulden. In dieser eher verhohlen und nur selten offen geäußerten Sicht sind die brennenden Twin Towers weniger das Symbol eines Epochenwechsels als vielmehr Ausdruck dessen, dass sich auch die USA nicht alles erlauben können, ohne entsprechenden Reaktionen ausgesetzt zu sein. Schadenfreude über die Verletzlichkeit des imperialen Akteurs geht dabei mit antikapitalistischen Ressentiments eine mehr oder weniger starke Verbindung ein, haben die Terroristen mit dem World Trade Center doch eines der Wahrzeichen des globalen Kapitalismus getroffen, den einige für Armut und Elend in weiten Teilen der Welt verantwortlich machen. Wer in den Twin Towers die Ikone des weltweiten Kapitalismus sieht, gewissermaßen dessen Siegeszeichen,

das in phallischer Unverschämtheit die Finanz-
metropole New York gleich doppelt überragte,
für den haben die Attentäter ihr Ziel gut ausgewählt. Der Einsturz der Türme ist in dieser
Deutung Zeichen für die Reduktion amerikanischer Macht auf Normalmaß.

Eine vor allem in fundamentalistischen Kreisen der islamischen Welt verbreitete dritte
Sicht feiert 9/11 als Ikone der Rache und des
Widerstands gegen den US-amerikanischen
(Kultur-)Imperialismus. Auch hier geraten die
brennenden und schließlich in sich zusammenstürzenden Türme zum Symbol einer Zeiten-
wende, das in diesem Fall freilich anzeigt, dass
die Ära beendet ist, in der die USA die arabisch-
islamische Welt nach Belieben und ungestraft
haben demütigen können. In dieser Deutung
symbolisieren 9/11 und seine Bilder eine lang
ersehnte arabisch-muslimische Selbstermächtigung. Was die Regierungen und Eliten der ara-
bischen Staaten im Besonderen und der islamischen Welt im Allgemeinen über Jahrzehnte
nicht vermocht haben, ist dieser Interpretation

zufolge einer Handvoll entschlossener Männer
gelungen: den Stolz und die Selbstachtung der
Araber und der Muslime wiederherzustellen
und die selbstherrlichen US-Amerikaner in die
Schranken zu weisen.

Mit den beiden letztgenannten Sichtweisen lässt sich ein antizivilisatorisch-antiurbaner
Affekt verbinden, der in einer Juden, Christen
und Muslimen vertrauten Erzählung des Alten
Testaments seinen Ausdruck gefunden hat: der
Geschichte vom Turmbau zu Babel und der gött-
lichen Beendigung dieses Projekts menschlicher Überheblichkeit durch die Sprachverwir-
rung in Verbindung mit der Vernichtung von
Sodom und Gomorrha im Feuersturm. Die
Doppeltürme des World Trade Centers entsprechen in dieser Wahrnehmung von 9/11 dem
Turm von Babel und symbolisieren die Arroganz
von Menschen, die keine Grenze mehr kennen
und bestraft werden müssen. Die Strafe für
die lüsternen Ausschweifungen, die Gott an
Sodom und Gomorrha vollzogen hat, ver-
schmilzt mit dem antiurbanen Affekt, der vor

Links:
Am 9. April 2003 stürzen
US-Soldaten im Stadt-
zentrum von Bagdad eine
Statue Saddam Husseins.
Das zuvor um den Kopf
der Statue gewickelte
Sternenbanner entfernen
die Soldaten, möglicher-
weise weil traditionell
Staatshelden in das
Flaggentuch gehüllt
werden.

Rechts:
„Auftrag ausgeführt":
US-Präsident George W.
Bush erklärt am 1. Mai
2003 auf dem Flugzeug-
träger „Abraham Lincoln"
das Ende der Kampf-
handlungen im Irak.

Der Feuerwehrmann Tiernach Cassidy lässt sich die Namen seiner am 11. September verstorbenen Kollegen auf den Rücken tätowieren.

Montage: Der „World Trade Center-Tourist" kursiert im Internet. Das gefälschte Foto suggeriert Augenzeugenschaft.

allem an der Peripherie dominierender Zivilisationen zu beobachten ist. Vor allem denjenigen, die aus religiösen Gründen ein großstädtisches Leben für verdorben und sündhaft halten, sind die Symbole der Metropole zutiefst verhasst. Hier bilden weniger der Angriff auf die Doppeltürme und seine strategische Bedeutung als vielmehr deren Zusammensturz und der von ihnen hinterlassene Trümmerberg die ikonische Verdichtung des Ereignisses.

● Das Bild als Repräsentant und Instrument

Unter den Bedingungen asymmetrischer Konfliktaustragung und Kriegführung, wozu der Terrorismus als Gewaltstrategie zählt, hat das Bild, und zwar Fotografien wie Filmsequenzen, seine Position als Repräsentant tatsächlich stattgefundener Ereignisse verloren. Stattdessen ist es nun ein Instrument der Kriegführung, das den politischen Willen der am Konflikt beteiligten Akteure beeinflussen und sie erschrecken, beschämen oder demütigen, jedenfalls zum politischen Einlenken bewegen soll. Es versteht sich von selbst, dass die Erfolgschancen für bildgestützte Angriffsstrategien in politischen Systemen mit einer starken politischen Partizipation der Bevölkerung und einer entsprechenden Rückkoppelung gegenüber der öffentlichen Meinung erheblich größer sind als in autoritär regierten Regimen, die auf die Befürchtungen und Ängste der Menschen grundsätzlich weniger Rücksicht nehmen. Bilder wirken unter den Bedingungen asymmetrischer Konfliktaustragung, die sich keineswegs auf den Terrorismus beschränken, auf die Stimmung einer Bevölkerung ein; dabei erzeugen sie sehr viel schnellere und stärkere Effekte als Worte. Mit Blick auf die USA wurde dies als CNN-Faktor bezeichnet. Spätestens seit der Niederlage in Vietnam hat die politische wie die militärische Führung der USA realisiert, dass neben dem Einsatz von Waffen der Einfluss von Bildern über den Ausgang von Kriegen und Militäroperationen entscheidet. Es gilt also, diese beiden Faktoren zu koordinieren. Dementsprechend strikt hat das US-Militär von den Militärinterventionen in Grenada 1983 und Panama 1989 bis zum zweiten Golfkrieg 1990/91 die Produktion und Verbreitung von Bildern kontrolliert: Sie sollten nicht nur den siegreichen Abschluss zeigen, sondern auch, dass die USA fair und rücksichtsvoll mit dem Gegner umgegangen sind, und vor allem, dass sie alles unternommen haben, um Opfer unter der Zivilbevölkerung zu vermeiden. Die grünlich flimmernden Videobilder von angeblich chirurgisch präzisen Raketenangriffen kamen in Mode. Ihr größter Vorzug war, dass auf ihnen weder eigene Opfer noch solche der Gegenseite zu sehen waren.

Unter diesen Umständen lag nahe, welche Stoßrichtung eine effektive Gegenstrategie zur

US-amerikanischen Bildkontrolle zu wählen hat: Sie muss möglichst viele Opfer zeigen; entweder getötete US-Soldaten, um Fehlschläge und Verluste zu visualisieren und dadurch der amerikanischen Bevölkerung vor Augen zu führen, wie hoch der Preis einer militärischen Durchsetzung ihres politischen Willens ist, oder aber getötete Frauen und Kinder, die Opfer amerikanischer Luftangriffe geworden sind und deren zerfetzte Körper den Militäreinsatz anklagen.

Ein Beispiel für Ersteres sind die 1993 entstandenen Bilder eines US-Soldaten, dessen Leiche an einem Strick durch den Straßenstaub von Mogadischu geschleift wird. Nicht der Fehlschlag der Militäroperation – bei dem Versuch, den somalischen Warlord Mohammed Farah Aidid festzunehmen, starben achtzehn amerikanische Soldaten und mehrere Hundert somalische Rebellen –, nicht die getöteten Soldaten

als solche, sondern dieses Bild lässt die amerikanische Militärmission scheitern und führt zum baldigen Rückzug. Inzwischen ist bekannt, dass die al-Qaida-Führung diese Vorgänge sehr genau beobachtet und daraus Schlussfolgerungen hinsichtlich der Verletzlichkeit der USA gezogen hat.

Ein Beispiel für die Delegitimierung eines Militäreinsatzes durch sogenannte Kollateralschäden sind die Bilder getöteter Zivilisten als Folge der NATO-Luftschläge während des Kosovokrieges im Jahr 1999. Sie sollen deutlich machen, dass die offizielle Rechtfertigung der Intervention, die Zivilbevölkerung gegen Übergriffe serbischer Militärs und bewaffneter Banden schützen zu wollen, falsch war, weil der Militäreinsatz das gegenteilige Ergebnis zur Folge hatte. Auch wenn die Bilder in diesem Fall nicht zum Abbruch führen, so zeigt sich in

Gedenken:
Im Jahr 2008 werfen die Präsidentschaftskandidaten Barack Obama und John McCain Blumen in zwei Wasserbecken, die als „Fußabdrücke" des zerstörten World Trade Centers am ursprünglichen Standort der Twin Towers errichtet wurden.

Zum fünften Jahrestag versammeln sich zahlreiche Menschen in Erinnerung an die Opfer des Anschlags auf dem Platz der eingestürzten Türme.

Im Zusammenhang mit den Terroranschlägen in den USA erinnert der Deutsche Presserat an die Einhaltung der publizistischen Grundsätze (Pressekodex). So sind Achtung vor der Wahrheit, die Wahrung der Menschenwürde und die wahrhaftige Unterrichtung der Öffentlichkeit oberste Gebote der Presse. Verdachtsberichterstattung ist als solche kenntlich zu machen. Außerdem gebietet der Pressekodex den besonderen Schutz von ethnischen, rassischen und religiösen Minderheiten. Trotz der verständlichen emotionalen Betroffenheit darf die Berichterstattung in Wort und Bild ihre professionelle kritische Distanz nicht verlieren. Sie sollte Feindbildern nicht Vorschub leisten und Vorurteile nicht schüren. Bestrebungen zur Einschränkung von Grundrechten wird der Presserat auch im Licht der Ereignisse kritisch beobachten.

der Retrospektive doch, dass die NATO-Intervention zeitweilig auf Messers Schneide stand und die Stimmung in vielen europäischen Ländern in Ablehnung umgeschlagen ist.

Eine davon zu unterscheidende dritte Form des Gebrauchs von Bildern als Waffe im Kampf um die Psyche der Bevölkerung stellen die Bilder von Terrorangriffen und deren Opfern dar. Durch sie wird aus einem in der Regel einmaligen Ereignis eine einprägsame und immer wie-

„Two Thousand One Dollars": 2002 werden zum Gedenken an den 11. September 2001 Sammlerscheine gedruckt.

der auflebende Erinnerung, welche die Bedeutung und Folgen des Anschlags multipliziert. Dieses Vorgehen funktioniert umso besser, je größer die Mediendichte in dem angegriffenen Land ist.

New York und die für die Stadtsilhouette charakteristischen Twin Towers bieten sich als Ziel an, weil ihre Zerstörung eine Wunde im Stadtbild hinterlässt, die so schnell nicht zu schließen ist. Auf diese Weise lässt sich die Erfahrung von Verletzlichkeit tief in die amerikanische Seele einbrennen. Den terroristischen Angreifern kommt am 11. September ein zusätzliches Moment zugute, das sie nicht eingeplant haben: Die zeitliche Abfolge des Doppelanschlags auf die Twin Towers führt dazu, dass zahlreiche Kameras den Einschlag des zweiten Flugzeugs aus unterschiedlichen Positionen filmen, so dass die Attacke eine ästhetische Dimension erlangt, die einen suggestiven Zwang zur Wiederholung der verfügbaren Bildsequenzen auslöst. Die strukturelle Logik der Medien hat dieses Anschauungsbedürfnis exzessiv befriedigt, so dass sich sagen lässt, kapitalistische Verwertungslogik und terroristische Strategie seien hier eine Verbindung eingegangen, die das „Geschichtszeichen" westlicher Verletzlichkeit tief in die psychische Verfasstheit der Bevölkerung eingeprägt hat. Mindestens ebenso wie der Anschlag selbst haben dessen Bilder und deren ständige Wiederholung die US-Regierung unter Druck gesetzt und die Art ihres Gegenhandelns vorgeschrieben. Dieses musste nicht nur militärisch effektiv, sondern auch symbolisch eindrucksvoll sein, um die fortbestehende amerikanische Handlungsfähigkeit, die Unerschütterlichkeit der Nation und das unstillbare Bedürfnis nach Bestrafung der für die Angriffe Verantwortlichen anschaulich zu machen. Seit dem 11. September 2001 werden Konflikte und Kriege noch mehr als zuvor nicht bloß mit Waf-

„Freedom Tower":
Der Neubau am Ground
Zero beginnt 2004.
Das Foto zeigt die Bauarbeiten im Mai 2007.

fen, sondern auch mit Bildern geführt. Bilder sind zur Waffe geworden. Dementsprechend um- und vorsichtig ist mit ihnen umzugehen.

Anstelle der ehemaligen
Twin Towers ragen am
11. März 2002, ein halbes
Jahr nach den Anschlägen, zwei Lichtsäulen in
den Himmel von New
York. Die „Towers of
Light" erstrahlen bis April
jeden Abend.

Anhang

Autoren

Dr. Thomas Ahbe
Jahrgang 1958, Sozialwissenschaftler und Publizist, Leipzig.

Prof. Dr. Frank Bösch
Jahrgang 1969, Historiker, Professor für Fachjournalistik Geschichte am Historischen Institut der Universität Gießen, Sprecher des DFG-Graduiertenkollegs „Transnationale Medienereignisse".

Elena Demke
Jahrgang 1968, Historikerin, Referentin für politische Bildung beim Berliner Landesbeauftragten für die Unterlagen des Staatssicherheitsdienstes der ehemaligen DDR.

Prof. Dr. Rainer Eckert
Jahrgang 1950, Historiker, Direktor des Zeitgeschichtlichen Forums Leipzig der Stiftung Haus der Geschichte der Bundesrepublik Deutschland, apl. Professor am Institut für Kulturwissenschaften der Universität Leipzig.

Dr. Monika Gibas
Jahrgang 1951, Historikerin, wissenschaftliche Mitarbeiterin an der Friedrich-Schiller-Universität Jena und am Institut für Kultur- und Universalgeschichte Leipzig e.V.

Prof. Dr. Ingrid Gilcher-Holtey
Historikerin und Soziologin, Professorin für Zeitgeschichte an der Universität Bielefeld, 2008/09 Visiting Professor am St Antony's College, Oxford, Membre associé du Centre de Sociologie Européenne (MSH-Paris).

Dr. Jörn Glasenapp
Jahrgang 1970, Medien- und Kulturwissenschaftler, Akademischer Oberrat am Institut für Medienwissenschaften der Universität Paderborn.

Prof. Dr. Manfred Görtemaker
Jahrgang 1951, Historiker, Professor für Neuere Geschichte an der Universität Potsdam.

Dr. Hans Walter Hütter
Jahrgang 1954, Historiker, Präsident und Professor der Stiftung Haus der Geschichte der Bundesrepublik Deutschland.

Dr. Habbo Knoch
Jahrgang 1969, Historiker, wissenschaftlicher Assistent am Seminar für Mittlere und Neuere Geschichte der Georg-August-Universität Göttingen, Geschäftsführer der Stiftung Niedersächsische Gedenkstätten in Celle.

Dr. Daniela Münkel
Jahrgang 1962, Historikerin, Privatdozentin für Neuere und Neueste Geschichte an der Universität Hannover, Forschungsprojektleiterin der Abteilung Bildung und Forschung bei der Bundesbeauftragten für die Unterlagen des Staatssicherheitsdienstes der ehemaligen DDR.

Prof. Dr. Herfried Münkler
Jahrgang 1951, Politikwissenschaftler, Professor für Theorie der Politik an der Humboldt-Universität zu Berlin, Mitglied der Berlin-Brandenburgischen Akademie der Wissenschaften.

Prof. Dr. Gerhard Paul
Jahrgang 1951, Historiker und Sozialwissenschaftler, Professor für Geschichte und ihre Didaktik an der Universität Flensburg.

Dr. Jürgen Reiche
Jahrgang 1954, Historiker und Kunsthistoriker, Ausstellungsdirektor der Stiftung Haus der Geschichte der Bundesrepublik Deutschland.

Dr. Silke Satjukow
Jahrgang 1965, Historikerin, Privatdozentin am Lehrstuhl für Neuere und Neueste Geschichte der Friedrich-Schiller-Universität Jena.

Prof. Dr. Petra Terhoeven
Jahrgang 1969, Historikerin, Junior-
professorin für Europäische Kultur-
und Zeitgeschichte an der Georg-
August-Universität Göttingen.

Prof. Dr. Hans-Ulrich Thamer
Jahrgang 1943, Historiker, Professor
für Neuere und Neueste Geschichte
an der Westfälischen Wilhelms-
Universität Münster.

Projektbeteiligte

Präsident und Professor
Dr. Hans Walter Hütter

Ausstellungsdirektor
Dr. Jürgen Reiche

Projektleiter
Ulrich Op de Hipt

Ausstellungskoordinatorin
Dr. Tuya Roth

Projektgruppe
Dr. Henrike Girmond
Dr. Ralph Gleis
Lucia Halder
Dr. Rolf Messerschmidt
Dr. Elke Mittmann
Dr. Christina Steinbicker
Dr. Angela Stirken
Dr. Helene Thiesen

Registrar
Wolfgang Kreutzer

Medieningenieure
Ralf Lieb
Stefan Ziegler

Ausstellungsgestalter
COORDINATION Ausstellungs
GmbH, Jochen Gringmuth, Berlin

Literaturhinweise

Ahbe, Thomas/Gibas, Monika/Gries, Rainer, Der Handschlag. Das Propagem der Einheit und eine seiner tradierten Symbolisierungen, in: Gries, Rainer/Schmale, Wolfgang (Hgg.), Kultur der Propaganda, Bochum 2005, S. 305–337.

Arlen, Michael J., Living-Room War, New York 1969.

Aust, Stefan, Der Baader-Meinhof-Komplex, Neuausgabe, Hamburg 2008.

Bahr, Egon, Zu meiner Zeit, München 1996.

Beuthner, Michael/Buttler, Joachim/ Fröhlich, Sandra/Neverla, Irene/ Weichert, Stephan (Hgg.), Bilder des Terrors – Terror der Bilder? Krisenberichterstattung am und nach dem 11. September, Köln 2003.

Brandt, Willy, Begegnungen und Einsichten. Die Jahre 1960–1975, Hamburg 1976.

Ders., Erinnerungen, Frankfurt a. M. 1989, 4., erw. Aufl., Berlin 1993.

Brink, Cornelia, „Auschwitz in der Paulskirche", Erinnerungspolitik in Fotoausstellungen der sechziger Jahre, Marburg 2000.

Dies., Ikonen der Vernichtung. Öffentlicher Gebrauch von Fotografien aus nationalsozialistischen Konzentrationslagern nach 1945, Berlin 1998.

Buck, Christian F., Medien und Geiselnahmen. Fallstudien zum inszenierten Terror, Wiesbaden 2007.

Buruma, Ian/Margalit, Avishai, Okzidentalismus. Der Westen in den Augen seiner Feinde, München 2005.

Büttner, Christian/Gottberg, Joachim von/Metze-Mangold, Verena (Hgg.), Der Krieg in den Medien, Frankfurt a. M./New York 2004.

Demke, Elena, Mauerfotos in der DDR. Inszenierungen, Tabus, Kontexte, in: Hartewig, Karin/ Lüdtke, Alf (Hgg.), Die DDR im Bild. Zum Gebrauch der Fotografie im anderen deutschen Staat, Göttingen 2004, S. 89–106.

Derenthal, Ludger, Bilder der Trümmer- und Aufbaujahre. Fotografie im sich teilenden Deutschland, Marburg 1999.

Didi-Hubermann, Georges, Bilder trotz allem, Paderborn/München 2007.

Diers, Michael, Die Mauer. Notizen zur Kunst- und Kulturgeschichte eines deutschen Symbol(l)werks, in: Ders., Schlagbilder. Zur politischen Ikonographie der Gegenwart, Frankfurt a. M. 1997, S. 121–144.

Dörner, Andreas, Politainment. Politik in der medialen Erlebnisgesellschaft, Frankfurt a. M. 2001.

Dreier, Werner/Radkau, Verena/Utz, Hans (Hgg.), Schlüsselbilder des Nationalsozialismus. Fotohistorische und didaktische Überlegungen, Innsbruck/Wien/Bozen 2003.

Drommer, Günther (Hg.), 50 Jahre DDR. Der Alltag der DDR, erzählt in Fotografien aus dem Archiv des ADN, Berlin 1999.

Eckert, Rainer, Straßenumbenennungen und Revolution in Deutschland, in: Jesse, Eckhard/Löw, Konrad (Hgg.), Vergangenheitsbewältigung, Berlin 1997, S. 45–52.

Elsbergen, Gisbert van, Die Terroranschläge vom 11. September 2001 und 7. Juli 2005 im Spiegel der Presse, in: Nitschke, Peter (Hg.), Globaler Terrorismus und Europa. Stellungnahmen zur Internationalisierung des Terrors, Wiesbaden 2008, S. 125–146.

Elter, Andreas, Propaganda der Tat. Die RAF und die Medien, Frankfurt a. M. 2008.

Faulenbach, Bernd/Jelich, Franz-Josef (Hgg.), „Transformationen" der Erinnerungskulturen in Europa nach 1989, Essen 2006.

Franck, Georg, Ökonomie der Aufmerksamkeit. Ein Entwurf, München 1998.

Fröhlich, Elke (Hg.), Die Tagebücher von Joseph Goebbels, Bd. 2/III, Oktober 1932 – März 1934, München 2006.

Gibas, Monika, Propaganda in der DDR 1949–1989, Erfurt 2000.

Gilcher-Holtey, Ingrid, 1968 – Eine Zeitreise, Frankfurt a. M. 2008.

Dies., Die 68er Bewegung. Deutschland, Westeuropa, USA, München 2001, 4. Aufl. 2008.

Glaab, Sonja (Hg.), Medien und Terrorismus – Auf den Spuren einer symbiotischen Beziehung, Berlin 2007.

Glasenapp, Jörn, Die deutsche Nachkriegsfotografie. Eine Mentalitätsgeschichte in Bildern, Paderborn 2008.

Grebing, Helga/Schöllgen, Gregor/ Winkler, Heinrich August (Hgg.), Willy Brandt. Berliner Ausgabe, Bd. 6, Ein Volk der guten Nachbarn. Außen- und Deutschlandpolitik 1966–1974, bearb. von Frank Fischer, Bonn 2005.

Gries, Rainer/Satjukow, Silke, „Wir sind Helden". Utopie und Alltag im Sozialismus, Erfurt 2008.

Grittmann, Elke/Ammann, Ilona, Ikonen der Kriegs- und Krisenfotografie, in: Dies./Neverla, Irene (Hgg.), Global, lokal, digital – Fotojournalismus heute, Köln 2008, S. 296–325.

Großklaus, Götz, Medien-Bilder. Inszenierung der Sichtbarkeit, Frankfurt a. M. 2004.

Hall, Peter Christian (Hg.), Die offene Gesellschaft und ihre Medien in Zeiten ihrer Bedrohung, Mainz 2003.

Hamann, Christoph, Bilderwelten und Weltbilder. Fotos, die Geschichte(n) mach(t)en, Berlin 2002.

Ders., „Die Wendung aufs Subjekt". Zum Foto des Jungen aus dem Warschauer Ghetto, in: Geschichte in Wissenschaft und Unterricht 52 (2000), S. 727–741.

Ders., Visual History und Geschichtsdidaktik. Bildkompetenz in der historisch-politischen Bildung, Herbolzheim 2007.

Handloik, Volker/Hauswald, Harald (Hgg.), Die DDR wird 50. Texte und Fotografien, Berlin 1998.

Hannig, Jürgen, Bilder, die Geschichte machen. Anmerkungen zum Umgang mit „Dokumentarfotos" in Geschichtslehrbüchern, in: Geschichte in Wissenschaft und Unterricht 40 (1989), S. 10–31.

Hartewig, Karin, Das Auge der Partei. Fotografie und Staatssicherheit, Berlin 2004.

Dies./Lüdtke, Alf (Hgg.), Die DDR im Bild. Zum Gebrauch der Fotografie im anderen deutschen Staat, Göttingen 2004.

Haustein, Lydia, Global Icons. Globale Bildinszenierung und kulturelle Identität, Göttingen 2008.

Hoegen, Jesko von, Der Held von Tannenberg. Genese und Funktion des Hindenburg-Mythos, Köln 2007.

Kaufmann, Günther, Der Händedruck von Potsdam. Die Karriere eines Bildes, in: Geschichte in Wissenschaft und Unterricht 48 (1997), S. 295–315.

Keller, Ulrich, Die umgedrehte Swastika. Propaganda und Widerspruch in Fotoreportagen der Machtergreifung, in: Fotogeschichte 107 (2008), S. 35–50.

Kerbs, Diethart/Uka, Walter/Walz-Richter, Brigitte (Hgg.), Die Gleichschaltung der Bilder. Zur Geschichte der Pressefotografie 1930–1936, Berlin 1983.

Klonk, Charlotte, Die Entführung Hanns-Martin Schleyers oder die Entdeckung des Mediums Gesicht im terroristischen Bilderkampf, in: Kritische Berichte, 2/2008, S. 49–58.

Knieper, Thomas/Müller, Marion G. (Hgg.), War visions. Bildkommunikation und Krieg, Köln 2005.

Knoch, Habbo, Die Grenzen des Zeigbaren. Fotografien der NS-Verbrechen und die westdeutsche Gesellschaft 1955–65, in: Kramer, Sven (Hg.), Die Shoah im Bild, München 2003, S. 87–116.

Ders., Die Tat als Bild. Fotografien des Holocaust in der deutschen Erinnerungskultur, Hamburg 2001.

Krings, Annette, Die Macht der Bilder. Zur Bedeutung der historischen Fotografien des Holocaust in der politischen Bildungsarbeit, Berlin/Hamburg/Münster 2006.

Krzeminski, Adam, Der Kniefall, in: François, Etienne/Schulze, Hagen (Hgg.) Deutsche Erinnerungsorte, Bd. 1, München 2001, S. 638–653.

Merseburger, Peter, Willy Brandt 1913–1992. Visionär und Realist, München 2002.

Meyer, Thomas, Mediokratie. Die Kolonisierung der Politik durch die Medien, Frankfurt a. M. 2001.

Münkel, Daniela, Bemerkungen zu Willy Brandt, Berlin 2005.

Dies., Willy Brandt und die „vierte Gewalt". Politik und Massenmedien in den 50er bis 70er Jahren, Frankfurt a. M./New York 2005.

Münkler, Herfried, Der Wandel des Krieges. Von der Symmetrie zur Asymmetrie, Weilerswist 2006.

Ders., Politische Bilder, Politik der Metaphern, Frankfurt a. M. 1994.

Paul, Gerhard, Bilder des Krieges – Krieg der Bilder. Die Visualisierung des modernen Krieges, Paderborn/München/Wien/Zürich 2004.

Ders. (Hg.), Das Jahrhundert der Bilder. Bildatlas 1900 bis 1949, Göttingen 2009.

Ders. (Hg.), Das Jahrhundert der Bilder. Bildatlas 1949 bis heute, Göttingen 2008.

Ders., Der Bilderkrieg. Inszenierungen, Bilder und Perspektiven der „Operation Irakische Freiheit", Göttingen 2005.

Ders., Die Geschichte hinter dem Foto. Authentizität, Ikonisierung und Überschreibung eines Bildes aus dem Vietnamkrieg, in: Zeithistorische Forschungen/Studies in Contemporary History 2 (2005), S. 224–245.

Ders. (Hg.), Visual History. Ein Studienbuch, Göttingen 2006.

Peters-Klaphake, Katrin (Hg.), Brennpunkt Berlin: Die Blockade 1948/49. Der Fotojournalist Henry Ries, Katalog Deutsches Historisches Museum, Berlin 2008.

Pflieger, Klaus, Die Rote-Armee-Fraktion: RAF – 14.5.1970 bis 20.4.1998, Baden-Baden 2004, 2., erw. Aufl. 2007.

Pyta, Wolfram, Hindenburg. Herrschaft zwischen Hohenzollern und Hitler, München 2007, 2., durchges. Aufl. 2007.

Raskin, Richard, A Child at Gunpoint. A Case Study in the Life of a Photo, Aarhus 2004.

Rauer, Valentin, Geste der Schuld. Die mediale Rezeption von Willy Brandts Kniefall in den neunziger Jahren, in: Giesen, Bernhard/Schneider, Christoph (Hgg.), Tätertrauma. Nationale Erinnerungen im öffentlichen Diskurs, Konstanz 2004.

Ries, Henry, Ich war ein Berliner, Berlin 2001.

Rosumek, Lars, Die Kanzler und die Medien. Acht Porträts von Adenauer bis Merkel, Frankfurt a. M. 2007.

Sabrow, Martin, Der „Tag von Potsdam". Zur Karriere eines politischen Symbols, Vortrag 2003, www.politische-bildung-brandenburg.de/programm/veranstaltungen/2003/mythospotsdamvortrag2.htm [02.04.2009].

Sachsse, Rolf, Die Erziehung zum Wegsehen. Fotografie im NS-Staat, Dresden 2003.

Satjukow, Silke, Propaganda mit menschlichem Antlitz im Sozialismus. Über die Konstruktion einer Propagandafigur. Der „Held der Arbeit" Adolf Hennecke, in: Gries, Rainer/Schmale, Wolfgang (Hgg.), Kultur der Propaganda, Bochum 2005.

Dies./Gries, Rainer, Sozialistische Helden. Eine Kulturgeschichte von Propagandafiguren in Osteuropa und der DDR, Berlin 2002.

Scheel, Klaus, Der Tag von Potsdam, Berlin 1996.

Schneider, Christoph, Der Warschauer Kniefall. Ritual, Ereignis und Erzählung, Konstanz 2006.

Soukup, Uwe, Wie starb Benno Ohnesorg? Der 2. Juni 1967, Berlin 2007.

Steinseifer, Martin, Terrorismus als Medienereignis im Herbst 1977. Strategien, Dynamiken, Darstellungen, Deutungen, in: Weinhauer, Klaus/Requate, Jörg/Haupt, Heinz-Gerhard (Hgg.), Terrorismus in der Bundesrepublik. Medien, Staat und Subkulturen in den 1970er Jahren, Frankfurt a. M./New York 2006, S. 351–381.

Stepan, Peter (Hg.), Fotos, die die Welt bewegten. Das 20. Jahrhundert, München/London/New York 2000.

Stiftung Haus der Geschichte der Bundesrepublik Deutschland (Hg.), Bilder, die lügen, Bonn 1998, 3. Aufl. 2003.

Dies. (Hg.), Bilder und Macht im 20. Jahrhundert, Bielefeld 2004.

Terhoeven, Petra, Opferbilder – Täterbilder. Die Fotografie als Medium linksterroristischer Selbstermächtigung in Deutschland und Italien während der 70er Jahre, in: Geschichte in Wissenschaft und Unterricht 58 (2007), S. 380–399.

Tessmer, Carsten (Hg.), Das Willy-Brandt-Bild in Deutschland und Polen, Berlin 2000.

Thiele, Johannes (Hg.), Die Bilder der Deutschen. Was uns verbindet, was uns bewegt, München 2005.

Timm, Uwe, Der Freund und der Fremde, Köln 2005.

Ullrich, Maren, Geteilte Ansichten. Erinnerungslandschaft deutsch-deutsche Grenze, Berlin 2006.

Vogel, Meike, Unruhe im Fernsehen. Protest, Bewegung und öffentlich-rechtliche Berichterstattung in den 1960er Jahren, Dissertationsschrift, Bielefeld 2008.

Volland, Ernst, Das Banner des Sieges, Berlin 2008.

Ders./Krimmer, Heinz (Hgg.), Jewgeni Chaldej: Der bedeutende Augenblick, Leipzig 2008.

Ders./Krimmer, Heinz (Hgg.), Von Moskau nach Berlin: Bilder des russischen Fotografen Jewgeni Chaldej, Berlin 1994.

Vorsteher, Dieter (Hg.), Parteiauftrag: Ein neues Deutschland. Bilder, Rituale und Symbole der frühen DDR, München/Berlin 1997.

Waldmann, Peter, Terrorismus. Provokation der Macht, München 1998.

Wolffsohn, Michael/Brechenmacher, Thomas, Denkmalsturz? Brandts Kniefall, München 2005.

Förderer, Leih- und Lizenzgeber

Die Stiftung Haus der Geschichte der Bundesrepublik Deutschland dankt für die Unterstützung

akg-images GmbH, Archiv für Kunst und Geschichte, Berlin
AL JAZEERA English, Doha (Katar)
Albrecht, Wolfgang, Berlin
AlliiertenMuseum e. V., Berlin
Anders, Edward, Berlin
Antunes, António, Lissabon
ARTE, G.E.I.E., Straßburg
The Associated Press GmbH, Frankfurt a. M.
Aust, Stefan, Hamburg
Auswärtiges Amt, Politisches Archiv und Historischer Dienst, Berlin
BBC World, London
Bergbaumuseum Oelsnitz
Bildarchiv Preußischer Kulturbesitz (bpk), Berlin
Binder, Toby, München
Bissinger, Dr. Manfred, Hamburg
Bossu, Régis, Griesheim
Bredekamp, Prof. Dr. Horst, Berlin
Bundesarchiv Berlin
Bundesarchiv, Koblenz
Die Bundesbeauftragte für die Unterlagen des Staatssicherheitsdienstes der ehemaligen Deutschen Demokratischen Republik, Berlin
Bundeskriminalamt, Wiesbaden
Chaldej, Anna, Moskau
Channel RTTV, Moskau

CineCentrum, Deutsche Gesellschaft für Film- und Fernsehproduktion mbH, Hamburg
CNN, Atlanta
culture-images, Köln
Czechowska-Antoniewska, Wiktoria, Warschau
Dannenbaum, Uwe, Berlin
ddp, Bilderdienst, Berlin
ddrfotos.de, Berlin
Deutsch-Russisches Museum, Berlin-Karlshorst
Deutsche Wochenschau GmbH, Hamburg
Deutscher Presserat, Bonn
Deutsches Historisches Museum, Berlin
Diekmann, Kai, Berlin
Dokumentations- und Informationszentrum, Süddeutsche Zeitung Photo, München
dpa Picture-Alliance GmbH, Frankfurt a. M.
Ehmke, Prof. Dr. Horst, Bonn
Filmakademie Baden-Württemberg, Ludwigsburg
FOCUS – Photo- und Presseagentur GmbH, Hamburg
Forkscrew Graphics, San Francisco
Fotoagentur Sven Simon GmbH & Co. Pressefoto KG, Mühlheim
Fotolito Varesco, Auer (Italien)
Friedrich-Ebert-Stiftung, Archiv der sozialen Demokratie, Bonn
Friedrich-Engels-Gymnasium, Senftenberg

Georg-Eckert-Institut für internationale Schulbuchforschung, Braunschweig
Getty Images, München
Götze, Moritz, Halle
Graff, Hannelore, Berlin
Gross, Ruth, Berlin
Haus der Brandenburgisch-Preußischen Geschichte, Potsdam
Haus der Wannsee-Konferenz, Berlin
Hausmann, Dr. Friederike, München
Hauswald, Harald, Berlin
Henschel, Jürgen, Berlin
Hermann, Paul G., Berlin
Hiss, Brigitte, Photodesign, Berlin
History Channel, München
Hoepker, Thomas, Magnum Photos
Independent Television Network, London
Kaufmann, Günther, Roisdorf
Keystone Pressedienst GmbH, Hamburg
Kleinhans, Lutz und Brigitte, Frankfurt a. M.
Kloeppel, Peter, Köln
Koelbl, Herlinde, Neuried
Kohler, Berthold, Frankfurt a. M.
Kölner Karnevalsmuseum, Köln
laif Agentur für Photos & Reportagen GmbH, Köln
Landesarchiv Berlin
Landesregierung Berlin – Der Landesbeauftragte für die Unterlagen des Staatssicherheitsdienstes der ehemaligen DDR
Langhans, Rainer, München

Larsson, Bernard, München
Lensch, Volker, Hamburg
LICON AG, Projektierungs-
gesellschaft, Leipzig
Lindner, Prof. Dr. Bernd, Leipzig
Maskus, Nicole, Berlin
Merkert, Prof. Jörn, Berlin
Metselaar-Berthold, Barbara,
Berlin
Mitteldeutscher Rundfunk, Leipzig
Mohm, Hans-Werner, Wadern
Münchner Stadtmuseum
Münzkabinett der Staatlichen Museen
zu Berlin – Stiftung Preußischer
Kulturbesitz
Museumsstiftung Post und
Telekommunikation, Berlin
N 24 Gesellschaft für Nachrichten
und Zeitgeschehen mbH, Berlin
NHK World TV, Tokio
Niedecken, Wolfgang, Köln
NonStop Sales AB, Stockholm
Norddeutscher Rundfunk, Hamburg
NRW-Forum Kultur und Wirtschaft,
Düsseldorf
n-tv Nachrichtenfernsehen GmbH,
Köln
Peters-Klaphake, Katrin, Berlin
Photonet.de, Berlin
Photo- und Presseagentur GmbH
Focus, Hamburg
Picture Press, Bild- und Textagentur
GmbH, Hamburg
Polizeihistorische Sammlung,
Berlin
Potsdam-Museum

Presse- und Informationsamt der
Bundesregierung,
Bundesbildstelle, Berlin
Progress Film-Verleih GmbH,
Berlin
Pucker Gallery, Boston (USA)
Reineke, Engelbert, Bonn
Rieck, Doris, Berlin
RTL, Köln
Ruetz, Prof. Dr. Michael, Berlin
Rundfunk Berlin-Brandenburg, Berlin
Russisches Staatsarchiv für
Dokumentarphotographie und
Film, Krasnogorsk
Sächsische Landesbibliothek,
Staats- und Universitätsbibliothek
Dresden, Abteilung Deutsche
Fotothek
Sat.1, Berlin
Schechner, Alan, Hove
(Großbritannien)
Scheel, Walter, Bad Krozingen
Schöne, Wolfgang, Berlin
Schwarzer, Alice, Köln
Soukup, Uwe, Berlin
Spiegel-Verlag Rudolf Augstein
GmbH & Co. KG, Hamburg
Staatliche Münzsammlung
München
Staatsarchiv Hamburg
Staatsbibliothek zu Berlin, Stiftung
Preußischer Kulturbesitz,
Zeitungsabteilung
Staats- und Universitätsbibliothek
Bremen
Stehle, Karl, München

Steinbrück, Peer, Bonn
Stiftung Deutsches Rundfunkarchiv,
Potsdam-Babelsberg
Studienkreis Deutscher Widerstand
1933–1945 e.V., Frankfurt a. M.
Studio Hamburg Fernseh Allianz
GmbH, Hamburg
SWR Media Services, Stuttgart
Taubert, Klaus, Fredersdorf
Theater Erfurt
Thomson Reuters Deutschland
GmbH, Berlin
Tillmanns, Dr. Lutz, Bonn
Transit Film GmbH, München
Ullstein Bild, Berlin
Ulmer Museum
Universitätsbibliothek Leipzig
Universitäts- und Landesbibliothek
Münster, Zeitungs- und
Pressearchiv, Münster
Volland, Ernst und Krimmer, Heinz ,
Berlin
Westdeutscher Rundfunk, Köln
Willy-Brandt-Archiv im Archiv
der sozialen Demokratie der
Friedrich-Ebert-Stiftung,
Bonn
ZDF, Mainz
ZDF Enterprises GmbH, Mainz

Bildnachweis

akg-images GmbH, Archiv für Kunst
und Geschichte, Berlin:
S. 18 o. l. K. Stauber (Ausschnitt),
S. 20 K. Stauber, S. 81 picture-
alliance/akg-images, S. 86 l.
Erich Lessing (Ausschnitt),
S. 88 Erich Lessing, S. 129 o.
The Associated Press (AP),
Frankfurt a. M.:
S. 12 o. l., S. 12 o. 2. v. l., S. 13 l.,
S. 13 2. v. r., S. 52 Joe Rosen-
thal, S. 91 r. Eddie Adams,
S. 97 Sepahnews.com, S. 150,
S. 152 r., S. 153 r., S. 1. 155 l.,
S. 158 o., S. 161 o., S. 161 u.
Bak, Samuel, Boston, USA:
S. 49 ©Pucker Gallery,
171 Newbury Street, Boston,
Ma 02116, USA
Bayerische Staatsbibliothek,
Bildarchiv, München:
S. 19 r. Heinrich Hoffmann (Aus-
schnitt), S. 27 Heinrich Hoffmann
Bildarchiv Preußischer Kulturbesitz
(bpk), Berlin:
S. 21 r. u. Heinrich Hoffmann,
S. 28 Heinrich Hoffmann, S. 32 l.,
S. 34 r., S. 37 Heinrich Hoffmann,
S. 42 u. Bayerische Staatsbiblio-
thek, S. 75 Herbert Hensky,
S. 80 l. Herbert Hensky, S. 80 r.
Herbert Hensky, S. 83 Herbert
Hensky, S. 132 r. Hans Hubmann
Bundesarchiv, Koblenz:
S. 15 l. Herbert Hensky
(Ausschnitt) 4417-49R79917,

S. 16 o. l. Peter Heinz Junge
183-85458-0001 (Ausschnitt),
S. 35 o. Plak 2/42/156, S. 43 B. K.
101I-270-0298-14, S. 66 ADN-
Zentralbild 183-66400-0142,
S. 67 183-Ko630-0001-026,
S. 72 Abraham Pisarek 183-
W0910-305, S. 78 Herbert Hensky
4417-49R79917, S. 82 r. Plak
005-012-004, S. 85 o. ADN-
Zentralbild-ZB Sigrid Kutscher
183-Ko205-0013-001,
S. 108 u. Peter Heinz Junge
183-85458-0001, S. 116 ADN
183-1987-0704-057
Deutsches Historisches Museum,
Berlin:
S. 14 o. r. Herbert Hensky (Aus-
schnitt), S. 15 o. 2. v. l. Henry Ries
(Ausschnitt), S. 39 o. (Leopold
Haas: ©VG Bild-Kunst, Bonn
2009), S. 48, S. 56 o., S. 70
Herbert Hensky, S. 74 u., S. 83 l.,
S. 98/99 Henry Ries, S. 100 o.,
S. 100 u. Pressebildverlag
Schirner, S. 101 Landesbildstelle
Berlin, S. 103 Henry Ries, S. 105 u.
Henry Ries (Foto), S. 114 M.
Dörrmann, Jürgen, Journalisten-
Zentrum Haus Busch, Hagen:
S. 155 r.
dpa Picture-Alliance, Deutsche Presse
Agentur GmbH, Frankfurt a. M.:
S. 10 l. dpa, S. 10 2. v. l. dpa,
S. 10 3. v. r. dpa, S. 12 o. r. (Aus-
schnitt), S. 13 r. (Ausschnitt),

S. 17 r. Röhrbein (Ausschnitt),
S. 58 l. akg-images (Ausschnitt),
S. 59 r. Nelly Rau-Haering
(Ausschnitt), S. 60 akg-images,
S. 68 Nelly Rau-Haering, S. 86
2. v. l. dpa/WDR/Herby Sachs
(Ausschnitt), S. 87 r. (Ausschnitt),
S. 89 u. dpa, S. 90 dpa, S. 92 dpa
Sanden, S. 93 u. dpa/WDR/Herby
Sachs, S. 95, S. 96 o., S. 96 u. dpa,
S. 102 dpa/dpaweb, S. 104 u.
Globus/Infografik, S. 105 o. dpa,
S. 106 dpa, S. 119 dpa Röhrbein,
S. 125 dpa, S. 134 dpa/Interpress,
Polen, S. 136 o. dpa, S. 138 o.
dpa, S. 142 M. dpa, S. 148 dpa,
S. 154 u. dpa, S. 159 o. dpa,
S. 159 u. dpa
Getty Images Deutschland, München:
S. 13 2. v. l. (Ausschnitt), S. 156
Thomas E. Franklin
Greser, Achim/Lenz, Heribert,
Aschaffenburg:
S. 138 u.
©Grützke, Johannes, Berlin:
S. 128
Guinand, Rolf, Berlin:
S. 64
Harre, Waltraud, Berlin:
S. 77 o.
Herz, Dr. Peter, Berlin:
S. 69
Hoepker, Thomas, Magnum Photos:
S. 12 u.
Keystone Pressedienst, Hamburg:
S. 17 2. v. r. (Ausschnitt), S. 18

Impressum

Bilder im Kopf –
Ikonen der Zeitgeschichte
Begleitbuch zur Ausstellung im
Haus der Geschichte
der Bundesrepublik Deutschland, Bonn,
21. Mai bis 11. Oktober 2009,
Wanderausstellung ab Frühjahr 2010,
im Zeitgeschichtlichen Forum Leipzig
der Stiftung Haus der Geschichte
der Bundesrepublik Deutschland,
Sommer 2011

Herausgeber
Stiftung
Haus der Geschichte
der Bundesrepublik Deutschland
Willy-Brandt-Allee 14
D-53113 Bonn
Tel.: +49 (0)2 28/91 65-0
Fax: +49 (0)2 28/91 65-302
www.hdg.de

Präsident und Professor
Dr. Hans Walter Hütter

Koordination
Dr. habil. Harald Biermann
Petra Rösgen

Redaktion
Cécile Engel

Bildredaktion
Belinda Helm-Boit

Ausstellungsfotos
Axel Thünker, Patrick Schwarz
Haus der Geschichte

Umschlaggestaltung
Sandy Kaltenborn
BILDWECHSEL/IMAGE-SHIFT
www.image-shift.net

Gestaltung
JAHNDESIGN Thomas Jahn
Werbung & Kommunikation
www.thomasjahndesign.de

Korrektorat
Lutz Stirl
Niehaus & Stirl

Gesamtherstellung
Rasch, Bramsche

© 2009, Stiftung Haus der Geschichte
der Bundesrepublik Deutschland, Bonn,
und DuMont Buchverlag, Köln

ISBN: 978-3-8321-9216-7
Erschienen im DuMont Buchverlag
www.dumont-buchverlag.de
Printed in Germany